美国不再伟大？

小镇的华裔中产看美利坚

（美）凌岚 著

四川文艺出版社

图书在版编目（CIP）数据

美国不再伟大？ : 小镇的华裔中产看美利坚 / (美)
凌岚著. —— 成都 : 四川文艺出版社, 2018.8
ISBN 978-7-5411-4937-5

Ⅰ. ①美… Ⅱ. ①凌… Ⅲ. ①随笔—作品集—美
国—现代 Ⅳ. ①I712.65

中国版本图书馆CIP数据核字(2018)第114538号

MEIGUO BUZAI WEIDA

美国不再伟大？

XIAOZHEN DE HUAYI ZHONGCHAN KAN MEILIJIAN

小 镇 的 华 裔 中 产 看 美 利 坚

（美）凌 岚 著

责任编辑　谭　黎　燕啸波
封面设计　叶　茂
内文设计　史小燕
责任校对　蓝　海
责任印制　崔　娜

出版发行　四川文艺出版社（成都市槐树街2号）
网　　址　www.scwys.com
电　　话　028-86259287（发行部）　　028-86259303（编辑部）
传　　真　028-86259306

邮购地址　成都市槐树街2号四川文艺出版社邮购部　　610031
排　　版　四川最近文化传播有限公司
印　　刷　成都兴怡包装装潢有限公司
成品尺寸　146mm×210mm　1/32
印　　张　8.25　　　　　　　　字　　数　170千
版　　次　2018年8月第一版　　印　　次　2018年8月第一次印刷
书　　号　ISBN 978-7-5411-4937-5
定　　价　38.00元

留给内心的正直和诚实的机会不多了

腾讯网总编辑 李方

今天，你想读几篇安安静静地写美国的文章，不那么斗战胜佛的，不那么忽而得意扬扬忽而如丧考妣的，可能还真不那么容易。以前有两个女作家我喜欢的，二十年前的林达，十年前的刘瑜，后来都被斗战胜佛的自由派给恶心得够呛。林达可能越来越觉得自己生活在一个假美国，而不再是早先那个由开国先贤精妙建构的、克制的美国。刘瑜，如果不把头像换成支持同性恋的彩虹旗或者公开赞赏加州有十几个甚至几十个"性别"，恐怕也很难得到新一代自由派的谅解。是的，由于近年来自由派的狂飙突进，特别是跟特朗普死磕，当我们谈论美国的时候，那些略显保守与克制的声音往往成为自由派公开嘲讽的对象。

因此我想在被"蜜汁自信"的自由派特别"关照"之前，把凌岚介绍给各位。

凌岚是我的大学同学，同班的。按照"北大中文系不培养作家"的系训，本科毕业后凌岚去美国继续读书，然后二十年来一直在美国做投资和市场分析工作，再没听说她还写东西。两年前凌岚突然问我：可以给你们腾讯的大家专栏投稿吗？当时我还有点奇怪，试着把她推荐给大家的编辑，建议就写美国观察，因为从刘瑜之后再没有写得好的了。没过多久凌岚开始在大家上发表文章，我也替她高兴，毕竟当年同学里边还写东西的已经很少了。今年初凌岚特别开心地告诉我，她被大家专栏评为"2016年度作家"了。我注意到她在专栏主页的自我介绍中有这样一句话：

> 写字是一生的爱好。

我们都是四十好几奔五十的人了。我常想，这个年纪的人写作，靠什么打动读者呢？靠荷尔蒙的才气纵横是不行了，靠尖酸刻薄那得是鲁迅、李敖。我们一般人，只能靠见识和阅历，靠不偏不倚的诚实；如果你还有才华，就像大学四年凌岚一直有才女的名声，这个时候也要把才华藏进见识里边，就像锥在囊中——你要首先是个"器"，而不只是一根刺。

随便举一篇凌岚的文章《以邓文迪为榜样的说教，都是耍流氓》：

> 这个训练营不会告诉营员的是，培育了邓文迪以及其他富豪的是青少年时代的中国，那个20世纪80年代的中国，现在是永远回不去了。
>
> ……

在房价高企下的青春没有梦想，有的是一条被房贷奴役的路，你做牛做马，还清一条假项链。

这就是见识和阅历，才华只是藏在背后，若隐若现。所以凌岚会在不到两年时间成为中国知名专栏的年度作家，而且她只写美国。在一个依靠刺激公众情绪和蹭热点引爆10万+的阅读年代，从容而诚实地写作和阅读，依然可以有它的价值。就像，这本书。

凌岚写美国的教育、生活、文化、政治，当然无法回避那个撕裂美国社会的话题：特朗普。凌岚的诚实和不偏不倚在于，作为第一代移民，她投了希拉里的票，但是也反感自由派媒体对特朗普的无底线攻击，反对民主党的医改政策，对任何偏离常识的现象保持着反思和警惕。她没有讨好任何人的念头，忠实于自己的内心和观察。这本来应该是写作者的本色，但是在两派势同水火的美国包括中国，敢于保持本色的能有几个呢？北大某教授曾经扬言，支持特朗普的一律拉黑。我的一个在硅谷上班的同学，就因为欢呼了一句特朗普胜选，瞬间被一帮同事和朋友宣布绝交。更不要讲林达和刘瑜的遭遇。这是一个各处都在撕裂的世界，不是站在这边就是那边，留给内心的正直和诚实的机会不多了。

这就是我推荐凌岚这本书的原因。

自　序

凌岚

　　此书所选的文章大部分集腾讯·大家专栏上发表的文章，内容主要是美国文化、大选政治、社会生活、历史传统等话题，一小部分来自公号"金色笔记"。写作时间是2015年至2016年这两年间。

　　互联网技术发展到智能手机这个阶段，大量的手机应用软件极大地拓展了我的生存空间。微信和微信公号这种划时代的应用技术革命，对我这样远离中文出版和媒体的华侨，在与读者互动、编辑交流上，真的是天涯若比邻。自从我1991年本科从北大中文系毕业，到2015年开始写微信公号，这期间，我的中文写作是空白。自媒体的春风催生了多少像我这样的写作者！2015年初我建"金色笔记"公号，然后开始密集写作，一年写作加翻译的产量在二十万字以上，所有的业余时间都投入其中。急迫程度令我想起在南美海岸上的一种植物，它的树种被包在一个坚硬密封的壳里。这些树种随洋流漂泊，可以在海水里浸泡几十年而永远保有生命力。它们随海流漂着，直到有一天落到岛屿的海滩上，落进泥土里，这样完美密封的籽壳儿立刻打开，迫不及待地释放出新一代的生命，在荒芜的岛上生根发芽成林。而我这颗漂移到美洲大陆上的中国种子，在多少年不同行业的海水浸泡后，忽然落进中文自媒体的土壤里，也是飞快地生长。

过去我偶然读到国内介绍或者评论美国文化的文章，常有隔靴挠痒之感，心想文章里写的是美国吗？抑或我生活了二十多年的，这个不好不坏，生活安静无聊，没有太多大事情发生的地方是一个"假美国"？比如，让彼邦羡慕，让世界各地精英们交口称赞的民主选举制度，在美国普通人的生活里却占了微乎其微的分量。上班族每日对付的，是通勤堵车、孩子接送、部门政治、极品同事间的怄气……这些国内大城市白领同样要面对的问题，归根结底是个人的人，人的生活。把美国祛魅，去掉神秘感，也许反而能呈现更多的真实和常识。毕竟绝大部分人完全不是照着大报社论或者国际政治版的时事评论来生活，制度于个体它是隐身于文化中，隐身于"故事"当中，"润物细无声"，是"蓦然回首，灯火阑珊处"的偶尔体会。若能写出美国生活中的文化和常识，是我最大的欣慰。

写作的好处之一，是让写作者对社会生活高度敏感，提高认识的敏感度也来源于专业训练和阅读。我的非文学的第二个专业，给了我宏观经济的知识训练，使我有一个稳定的职业生涯，但这只是开始。重要的不仅是谋生，是对世界的认知，从一个移民的他者，完成进入异国社会的融入是一个漫长的过程。知识和专业训练，是移民融入异地他乡的桥梁，移民生活面临的是终身学习。生命，真理和道路，人生归根到底是学习。

　　这一年多高强度的写作中，我最感激的人，是腾讯的编辑赵琼，一方面是她点石成金的微信，海外作者与中文母国隔着心理和地理上的千山万水，没有个中人的专业点拨，我根本无法把写作频率和国内读者的兴趣调到同一波段上；另一方面，她不厌其烦的编辑订正工作，让那些在"车上路上餐桌上"草就的字，最后给读者呈现出一个合格文明的样式。

目录

特朗普时代是如何开启的?

在美国过日子是种怎样的体验？

众间的"第四堵墙"，可以全情投入，一个多小时内扮演上帝审判人间。

成额度", 年终绩效考核评估, 剔除考评最差的 5% 员工, 等等,基本是沿用了美国"财富 500 强"大公司过去几十年普遍使用的"活力曲线"管理法。

还能安静做一个普通女性吗？

自己是不世出天才。

特朗普时代是如何开启的？

这就是美国

2016年11月13日《纽约时报》公布，特朗普①对希拉里，最后统计的选票团选票是290比228，特朗普以压倒多数的票数胜出，尘埃落定，大选正式结束。

大戏落幕，观众还嫌不过瘾，还自发组织二场。11月9日大选结束的第二天，美国各地爆发各种对少数族裔的骚扰事件，外加示威游行。被骚扰的主要是拉丁美洲裔和戴头巾的穆斯林人，这些骚扰事件主要是辱骂，但并没有升级成打架攻击等肢体冲突，报道的渠道也基本是脸书和推特。

从脸书上的吐槽看，我估计有几百起。其中最严重的，是俄克拉荷马大学一个大学生，在社交媒体上辱骂宾夕法尼亚大学的一群黑人学生，后来觉得骂人还不够泄恨，他就把历史上私刑绞死黑人的照片贴到社交平台，这下社交媒体上的口水战性质升级，变成种族仇恨。于是惊动了路透社等大媒体，不日俄克拉荷

---

① "Tramp"一词有"特朗普"和"川普"两种翻译，本书采用前者，以求更为官方正式。而后文中出现如"川粉"、"挺川派"等用法，考虑其流行性和特殊语境，故保留。——编者注

马大学宣布对这个学生处以"停学"的处罚。这个事件中黑人学生所在的宾大，是特朗普的母校。

另一起传播广泛的种族冲突，是一个叫涂凯西的女大学生在脸书上公布的。她在明尼苏达校园被人叫"中国佬滚走"，引起了争执，旁边人报警。警察赶到后居然是将涂逮捕并铐走。这个事件的相关链接被点击达4万次，5400人留言。但是事后媒体去校园警察局核实，却发现没有报案和逮捕的任何相关记录，也找不到涂凯西本人，只能存疑。

大选后的示威游行，规模小的几百人，规模大的比如在纽约多达几千人。从9日开始，每天都有示威游行发生，抗议大选结果。特朗普先在推特评论，说这些游行背后是一小撮居心不良的媒体在挑唆。不久他又删了这种阴谋论，对示威游行者大赞："示威者表现出对我们国家共同事业的热忱。"（真的假的？大选后特朗普的嘴巴特别甜。）

另一个更奇的抗议是签名请愿修宪。因为美国总统大选不是直选，是选票团选举制，一个州内的普选赢家囊括该州固定的选票团票数。最后获胜的选票，只按选票团票数计算，不按直选票数计算。现在希拉里在总票数上比特朗普多，所以挺希派使出修宪的招儿。我投了希婆的票，被朋友邀请去签名修宪运动。我想不出任何需要再挺希的理由，包括这异想天开的修宪之路。

美国总统大选自独立建国以来运行了两百多年，一旦大选结果出笼，达到270票的候选人当选总统，基本就是NBA篮球赛淘汰赛的规则"Win or Go Home"（要么赢要么回家）。阴谋论也不是一年两年了，但大选规则基本没有变过，选后的一哭二闹三游行四签名抗议，最后都烟消云散，该组阁的组阁，该退休的退休。

这次因为选出一个民粹主义总统，忽然间涌现的种族骚扰事件像雨后春笋，好像真是求仁得仁，现世报的意思。我在美国二十多年的生活，遇到的种族歧视事件并不少，我不知道现在的"雨后春笋"多少能归到特朗普头上。

20世纪90年代中我初到美国时落地在中西部，印第安纳州，那一带绰号"生锈地带"（Rustic Belt States），我在印第安纳州立大学读研究生。"生锈地带"的历史生成原因，是20世纪50年代后工业凋敝，城市式微，人口减少，宾夕法尼亚、俄亥俄、印第安纳，那几个原本的重工业州跟现在中国的东北一样，变成落后地区，"鸟不下蛋"的地方，锈迹斑斑，死样活气。

初到美国，在校园里并不觉得，大学还是好大学，自由气氛弥漫，同学老师都热情公正，没有一丝一毫的歧视感，仿佛置身伊甸园。过了半年，我买了二手车，一旦铁骑在手，开始走上高速公路，等于夏娃吃了一口苹果，伊甸园的门从此就打开了。真实的世界，善恶美丑，就顺着校园外唯一一条高速公路，37号路，涌到我的二手马自达660车窗前。

印第安纳州一直是美国中西部最保守州之一，1920年选出美国历史上唯一一个三K党会员的州长还不算，连州议会都是三K会员占多数。狂热的爱国主义，地方主义，反移民反天主教曾经是那里的政治特色，现在民风已经大有改观，但是你要是外国人去那里的某些城镇还是挺吓人的，比如马丁斯维尔（Martinsville，IN）。上公路前老留学生一再叮嘱，如果往北开，出发前一定把汽油加满，中途千万不要在一个叫马丁斯维尔的小城下车停留，切记切记！留学生中流传的故事是马丁斯维尔是三K党总部，真实发生的是有留学生在马丁斯维尔的加油站被人辱骂，"中国佬／日本佬，滚你妈的！滚回家！"，等等。不管是真是假，我不敢身体力行在马丁斯维尔下车，那个顶着三K党总部恶名的小城从未涉足，对我永远是传说。

在印第安纳州没事，作为外国人被骚扰是多年后在底特律的加油站，被白人流氓骂过"Chink""Jap"，那是在密歇根州。那时是1998年，底特律市还没有破产，是三大汽车公司云集的工业重地，密歇根州那时经济繁荣，人均收入在美国排前。但正是在这么一个州，我第一次意识到因为人种和肤色的不同带来的身份、等级差别。那时我已经不是学生，到美国有十年了，英语也顺溜了，有了正经工作，也买了房，可以说，我是一个合格地实现"美国梦"的中产阶级一分子了。但是种族歧视者不管这些，他们只看皮肤颜色。

我们住在密歇根大学所在的小城安娜堡，出了安娜堡，开车随便朝哪个方向走半个小时，你明显地觉得周围白人的另眼相看，那种冷眼盯着你看的压力。我一开始以为自己过于敏感，后来老公的同事之一，当时的系主任突然搬家，系里教授们聊聊，才发现密歇根州除几个大学城以外，其他各处都弥漫着无声的对少数民族的敌意。

系主任是土耳其二代，他搬家就是因为邻居的冷眼。他住的是那种门口有门卫的豪华小区（gated community），左邻右舍都是三大汽车公司的高管，他自己也是藤校毕业。歧视？冷眼？在这种豪宅区？我当时真的很难把这个小区的歧视，跟底特律内城垃圾乱扔的加油站里的小流氓联系在一起。

用一句俗语，"这就是美国"。

1998年7月，王小波的弟弟，王晨光博士，在底特律城外高速公路上被黑人抢劫遇害，离我们搬进密歇根相隔一个月。王晨光遇害的性质不是种族歧视或者冲突，是谋财害命，底特律内城治安很差，黑人暴力犯罪很多。

暴力犯罪、种族歧视是美国社会的两个恶瘤。上面提到的小城马丁斯维尔，在1965年发生过一次种族仇杀，被刺杀的是上门推销百科全书的黑人姑娘凯罗尔·杰肯斯（Carol Jenkins）。最恶劣的是，在她奄奄一息的时候，一对白人夫妻努力救护，结果这对白人夫妻多年以来一直受到当地人的骚扰。感谢互联网，最近我在网上查到马丁斯维尔根本就不是三K党的总部，它只是因为杰肯斯被刺杀而臭名昭著。

纽约上州多崇山峻岭，冬天是滑雪胜地。前年我们去一个山区滑雪，路上警察拦了一条道，每次只能一个方向放行几辆车。问为什么，说是为了清洗路面。我很纳闷，寒冬腊月的，零下十度的山里清洗什么路面啊。等我们车走过，看到路面上已经擦洗了一半的纳粹万字符号，上面还有标语，"犹太佬下地狱"。

不久之后看到那个地区公立中学因种族歧视被诉讼的新闻报

道。一个证人说他在那里读书的几年，每年学校厕所里的墙上都会被喷漆喷上辱犹口号，至少上百次。一年上百次是什么概念呢？如果排除寒暑假，一周内至少有三次吧？那个公立学校因为这种事被学生家长告过很多次，但每次都是不了了之，地方赔钱了结。后来再有犹太家庭告，当地的人就说你们犹太人就是想借诉讼诈骗赔偿费。

投特朗普票，把他推上新总统位置的主力选民，是前面提到的"生锈地带"的选民，加上过去有深蓝历史的威斯康星州、密歇根州。主要是下层的贫苦白人，被称作"白色垃圾"，平均每月400美元的收入，穷得不行了，这些美国人是改变历史的沉默的大多数。

民主党对这些州的忽视、脱节，是希拉里败选的根本原因。比如希拉里竞选时根本没有去过威斯康星州，以为赢得这个一贯投民主党候选人票的州易如囊中取物一般，加上特朗普跟参议院议长保罗·莱恩公开的矛盾，这几个月两人连续的隔空对骂，莱恩出生于威州，是威州居民的骄傲。就在这种万事俱备的条件下，希拉里居然都丢了威斯康星的票！你忽视的，选民就用选票提醒你、教训你。

我这个享受美国社会自由包容精神的第一代移民，当然不投票给特朗普，他宣扬闭关锁国，有种族主义嫌疑。我这些年看到的种族主义恶行恶状还少么？全球化的大环境下居然没有消灭种族主义的恶瘤，反而愈演愈烈。希拉里却是这样一个有众多历史包袱和缺陷的候选人，孰轻孰重，我得做出选择。每一票是一亿两百多万张选票中的一张。在那些远离华盛顿权力中心外的州，选票汇成移山填海的洪流。

深秋的时候我去宾夕法尼亚看朋友，回来的路上是黄昏，对面苍山如铁，残阳似血，山上岩壁上被喷上深红色巨大的字，特朗普的竞选口号 "Make America Great Again"（让美国重新伟大），在夕阳下竟像绝处逢生处的呼唤、请求，连我都感动。

不远处是宾州著名的老工业城市，洋斯镇（Young's Town）。那里一个投特朗普票的选民，杰吉（Jackie），大选后记者追到洋斯镇来采访，看看这些把特朗普推上总统位置的背后的贫穷白人群体。杰吉口气淡淡的，在穷苦了这么多年后，她没有天真到相信特朗普可以瞬间改变洋斯镇的贫困，但是他是他们唯一的选择。特朗普是我的毒药，却是洋斯镇的救星，必须说，这是我这个华人多么不了解的美国啊。

2016年11月15日

希拉里·克林顿在 1969 年

希拉里·罗德汉姆的童年，在伊利诺伊州的小镇Park Ridge度过，貌似典型的美国中西部地区中产阶级幸福家庭生活：小镇，家家户户独立别墅，开凯迪拉克车，无黑人，全部人星期天去美以美教会，大选时投票共和党。不要被这幅完美美国生活图景给迷惑，希拉里的童年和少女时代并不幸福，父母曾从冷战到公开在晚饭桌上吵架。做窗帘生意的父亲暴躁，对自己的孩子永远挑三拣四，冷嘲热讽；母亲多萝西出身更惨，出自少女怀孕之家，多萝西8岁时就带着3岁的妹妹坐火车横跨美国去投奔自己的祖母。

多萝西把自己一生的所有希望都寄托在儿女身上：她教孩子无所畏惧，在父亲的冷暴力下保持自信自尊，不怵强权男人。后来证明，这种"不怵"的独特能力决定希拉里一生的政治道路，在华盛顿打拼每天得对付无穷多的冷暴力老男人。

希拉里不是年级里最聪明的，但绝对是在各项课外活动中最投入最努力的，学生会，校报编辑，救生队，网球、游泳、垒球样样来，不修边幅但绝对不难看。

希拉里的未来婆婆第一次在耶鲁大学看到她时，狠狠吃了一惊，第一印象基本决定这女孩儿跟自己儿子没戏：乱糟糟的长金发，赤脚从纽黑文附近的海滩刚回来，身上头发上尽是沙子。

1969年的这张照片上了当年的《生活》（LIFE）杂志，那年6月希拉里在母校威尔斯利学院的毕业典礼上作为学生代表发言，这在当时已经是史无前例，最轰动的是希拉里的发言中对来做毕业致辞的参议员嘉宾呛声，驳斥他"光对学生运动同情是不够的"。

跟勤勉努力一步不错的她比起来，散漫聪明充满个人魅力的克林顿完全是另外一个星球来的。他在阿肯色大学法学院教书时从来不备课，讲课是对话式，有次把学生期末卷子弄丢，最后不得不跟学生私下达成协议，人人得满分。到耶鲁第一年大部分时间都不去上课，在校园外搞群众运动，他的同班同学曾经问他："你到底跑到什么地方去了？难道不知道开学是去年秋季9月吗？"（当时已经第二年3月了！）好在耶鲁法学院还真吃他这一套，耶鲁法学院的学生文化是，最牛的学生不是考试名列前茅的，而是不来上课的。小克的同宿舍对他印象最深的是小克考试前永远在一堆法学厚书里安静地读一本小说，理由是明天考试，需要突击学习，第二天早上醒来小克还是安静地读一本小说。就这样，小克在耶鲁法学院的成绩也不赖。

1969年的素颜，小克和小希的素颜已经是前尘往事。到如今希拉里宣布竞选总统，为了改变自己的形象显得亲民，特意重金聘请第一夫人米歇尔的形象顾问，那个赤脚从纽黑文海滩走回家，长头发里落了沙子、戴大厚眼镜的女生，已经遗落在平行宇宙了。我们看到的是一个被竞选顾问和团队包围的女参议员、前国务卿，在华盛顿打拼十五载，筹集竞选资金达1.4亿，每一步都有专业人士设计，每一次对媒体开口都有数家民调跟踪，她是美国民主党最强有力的候选人。

这是希拉里一生的高峰还是谢幕？

2015年4月17日

比尔·克林顿在 1969 年

消失的父亲，家暴，母亲数次婚变，酗酒，美国南方白人的穷和失业。克林顿在自传里说自己的早年生活是两个"平行宇宙"，这个词过度文艺化，宇宙就一个，人生活在精神分裂中。

精分从小克的姓就开始了：小克原姓布莱斯（Blythe），出生于1946年8月16日，遗腹子，生父当兵参加二战，回美国后在儿子出生前几个月车祸身亡，小克是二战后生育高峰的产物，婴儿潮里的精英，小克母亲宣称六磅多足月的儿子是早产儿，但谁也不能证明老兵布莱斯是否在1945年秋天回到美国的，父亲是谁一直是个谜。继父姓克林顿，60%时间都在酗酒，40%的时间玩消失，家暴，打911呼救，上法庭，离婚复婚，即便这样小克还是把自己的姓改了随继父，比起上一个消失的父亲，眼前这位虽然差点但还在啊，而且还有个弟弟。希拉里家是冷暴力，小克家是热暴力，直接大打出手，继父拿剪刀对准母亲的喉咙，小克在一旁拉架。

希拉里的妈妈多萝西是精神灯塔，小克妈妈弗吉尼亚是最不省油的灯：浓妆（每天90分钟化妆时间），广泛地调情，独立，敢作敢当，在小克当总统以后抓紧时间出版自传博眼球。

这样环境里成长的孩子可以是烂仔，比如小克的弟弟小罗杰，也可以是泼辣顽强的铜豌豆，比如小克，生命力顽强，精力旺盛，不自怜不叫歪，厚脸皮，睁着眼睛说瞎话（"我没有跟这个女人睡觉"），懂得如何讨所有人喜欢，老少通吃，敌我通吃，比如民主党的他跟共和党的老布什私下是至交，老布什对他视如己出，联合一切可以联合的力量，这些品质是混国会山的政治家必需的。

小克对女人的博爱估计来自他拈花惹草的父亲，他在耶鲁法学院时最多一年同时交四个女朋友，其中包括一黑人女孩，最显本事的是这四人之间从来没有撕×。他的阿肯色童年，单亲家庭背景常常被他当作博得女人怜爱的话头，是酒吧或者派对上跟女人搭讪最好的开场白，他对人性洞察幽微的观察，把选民摆布得跟女朋友一样对他如痴如醉。

这并不妨碍他爱希拉里爱得死去活来至死不渝。他对希拉里一见钟情，对希拉里的聪明才智膜拜如天神，同时他又随时跟送上门来的女粉丝睡觉。在他第一次竞选阿肯色州州长时就被踢爆婚外一夜情，之后他痛哭流涕，但痛哭是用来表达对希拉里的爱，不代表悔改。小克对自己的精分生活驾驭得游刃有余。

希拉里从来都像母夜叉一样干政，不停地给他的助手发号施令，助手不听从她就不停地生气。但这并不影响小克的决策，更不会夫妻反目，吵闹和矛盾是他成长的动力，"越乱越美丽"就是用来形容小克的。他当总统时的白宫，每到深夜2点开始点外卖比萨，凌晨3点给幕僚电话，6点起来跑步，因为要给媒体留下总统早朝的好印象。小克人生中团结紧张、严肃活泼是24/7进行的，不分昼夜。

1969年的婴儿潮一代曾经走向街头抗议越战，逃兵役，吸大麻，如今已经升级为祖父母，大麻如今在美国半解禁了，科罗拉多州有大麻旅游业，越南重回美国的怀抱，但全球局部战争从来没有停止过，冷战之后是防恐战。

2015年6月2日

美国总统初选中的"撕"与民意

2016年，流传的美国大选版的"降落伞"笑话是这样的：

一架飞机载着四个乘客，其中三个是总统候选人：希拉里·克林顿、伯尼·桑德斯、特朗普，另外一个是前国防部部长帕纳塔。突然，飞机在空中出了故障，眼看就要坠毁，飞机上只有三顶降落伞。

桑德斯第一个站起来，说："我是伯尼·桑德斯，每个美国人都应该有一顶免费的降落伞。"说完抓起一顶降落伞，跳伞了。

接着希拉里站起来大喊大叫："我是希拉里，全世界最聪明的女人，下届美国总统，我应该得一顶降落伞。"说着她就抓起一顶降落伞，也跳伞了。

特朗普想想还剩最后一顶降落伞，对帕纳塔说："将军，你是我们国家的英雄，你跳伞吧。"

帕纳塔笑了，说："亲爱的，不要担心，我们每人都可以分到一顶降落伞，因为希拉里，这世界上最聪明的女人刚才拿的是我的双肩包。"

这个段子显然是共和党编出来黑民主党候选人的。这笑话的每一句都是梗，可以看出一些美国两党候选人的政治分歧：

比如民主党候选人桑德斯的话，"每个美国人都应该有一顶免费的降落伞"是典型的不患寡而患不均的平均主义，完全无视现实的条件（飞机上并没有足够的降落伞）而强调人人均得社会福利，桑德斯自我标榜社会主义者，他鼓吹人人有份的平均主义一点不奇怪。桑德斯是民主党候选人中打民粹牌的：替穷人说话，"均贫富"，"反华尔街"，"反大银行"，发誓要改变美国社会越来越严重的贫富悬殊现象，施政纲领基本是对富人加重税，拆解大银行（具体怎么拆他从来没有提供方案）。人人都"应该"有工作，人人都"应该"有医疗保险，人人都"应该"有一顶降落伞，而且必须免费！至于这些举措怎么实现，要花多少钱，有什么经济后果，他不管。

希拉里的竞选口号当然是打"第一位女总统"这张牌，在目前的总统候选人中，她的政治资历和从政经验最丰富，混国会山的资格最老，她和她老公代表了民主党资深望重的前辈，属于美国政坛的既得利益者，是建制派（the Establishment）。所以她话里话外基本都是"该轮到我做总统了，我最有经验，后来的靠边站"。随党龄和地位带来的特权，在英文中叫"Entitlement"，是"论资排辈"。"论资排辈"是职业政客的通病，党龄越长越有经验，越应该当领导，反对派一再攻击希拉里这种"论资排辈"的德行。

特朗普话里的梗有点复杂：特朗普是个成功的地产开发商，

除了买地盖房子开酒店开赌场，他没有从政经验，但这种经验缺乏居然变成他的竞选卖点，因为他以清白的政治外来人自居，标榜自己没有沾上国会山职业政客的恶习（特朗普眼中这种恶习当然以克林顿夫妇为代表）；特朗普治国如经营地产，充满实用主义原则，三个候选人中只有他考虑到飞机上四个人只有三顶降落伞这个现实条件，而其他的政客只会高喊主义和口号，完全不顾现实可能性；特朗普推行的对外政策是"America First"，翻译成中文是"美国首位"，即"把美国事务放到对外政策的首位"（Put America at the First Place），其他的能不管的就别再管。美国GDP已经从冷战结束时占世界总量的40%下降到现在的全球GDP总量的20%，所以别瞎掰掰了，赶紧重振国力要紧。

　　具有讽刺意味的是，特朗普把自己的外交政策总体框架取名为"美国首位"。"美国首位"这个名字最早来自二战时期美国国内鼓吹的孤立主义，随后成立的"美国首位委员会"（America First Committee，AFC），是一个拒绝参战的民间游说组织，特朗普给自己的外交策略取这样一个具有浓重的孤立主义意味的名字当然不是偶然。跟桑德斯一样，他反对美国做世界警察，干涉其他国家和地区的事务，这也是为什么中国民众对特朗普这样一个主张闭关锁国的候选人颇有好感，而对一度以国务卿身份到东南亚国家煽风点火，主张美国重回亚洲、重新插足南海事务的希拉里心存忌惮。

　　这个梗另一个精彩之处在于，特朗普表现出对帕纳塔即"军方势力"的恭敬和照顾，"将军你是国家英雄，你先走"。军方势力是共和党的传统根基之一，前任小布什打了两场战争，耗尽前前任总统（克林顿）积攒下来的经济国力，美国陷入经济衰退。鉴于此，在小布什离任后，继任的民主党总统奥巴马执政前就承诺美国选民"绝对！绝对！绝对不再发起战争"，"一定"从伊拉克撤军，是以这些年来美国军方势力从小布什时代的高涨张扬，转变成被抑制和削弱，具体举措就是从伊拉克撤军，减少五角大楼的财算。与民主党对立的共和党传统上是鹰派政党，作为共和党总统候选人的特朗普对帕纳塔大献殷勤也就不奇怪了。而帕纳塔将军对"世界上最聪明的女人"的调侃，明示了共和党包括军方与女性选民们互不待见，这也是由来已久了。

　　这个笑话里笑到最后的人是帕纳塔也就是五角大楼，五角大楼代表的美国国防部加上中央情报局（CIA），一直在美国联邦政府中相对独立，搞小王国，这些小王国无论对美国总统还是对美国国会都有"留一手"的铁律。这种"留一手"从20世纪60年代的越战开始一直到最近两次伊拉克战争都是屡见不鲜，坊间流传的形形色色的阴谋论、大片《谍影重重》、五角大楼或者CIA把美国国会和总统蒙在鼓里的这些桥段你可以说是茶余饭后的娱乐，但并不完全是空穴来风。

　　举一个例子，有一部6小时长的纪录片《布什的战争》（*Bush's War*），2008年在美国国家公共电视台上播出，以新闻调查、纪实报道的形式探讨小布什政府里的各方，主战派（副总统切尼、国防部部长拉姆斯菲尔德）和主和派（国务卿科林·鲍威尔、总统安全顾问康多莉扎·赖斯），针尖对麦芒地角逐。其中奇葩细节很多，比如国务卿鲍威尔和国防部部长就伊拉克问题，同一时间在各自的地盘上开立意完全不同的记者招待会，都合法代表美国政府对中东政策。鲍威尔代表的国务院和五角大楼水火不容，在那时被称作战争状态，鲍威尔的继任者赖斯在五角大楼毫无人脉，身为国务卿的她根本没有人理睬，从五角大楼调不出文件（就是不给你，你能把我怎么着啊？），怎么办呢？在出兵伊拉克前夕火烧眉毛的时刻，她请美国国务院的工作人员穿上军装，乔装混进五角大楼，托里面的"线人"把文件取出来，跟搞地下工作一样，若不是她在这部纪录片里亲口吐槽，这种细节估计《谍影重重》的编剧都编不出来。

回到本文的主题。美国总统大选的党内初选到2016年6月份就水落石出，共和党暴露出党内分裂，意见不能统一，使这场漫长的总统选举势必继续撕下去，有人甚至建议共和党分裂成三个党算了：由布什家族代表的建制派；泰德·克鲁斯代表的极端保守主义的茶党，狂热的福音派基督教教徒（狂热的，一周去教会三次以上的教徒）为基础选民；特朗普代表的是要求变革的选民要求，反对自由贸易使美国工作机会外流，反对移民，要在边界建墙。共和党内部的流变可以单独成一篇再写，这是现在美国政治的热门话题，比如原来小布什的幕僚，包括前副总统切尼，前国防部长拉姆斯菲尔德现在都公开支持特朗普，他们是怎么跟布什家族决裂，老布什在2015年出版的自传里把这两人直接称作"奸臣"，误导自己的儿子，这些政治八卦忽然在现在这个时刻浮出水面，颇可细究。

一个成功的美国总统候选人的任务，是从民意的中间道路，往左右两边挪腾，寻找可以联合极左和极右的共同利益和话语空间。这就是为什么泰德·克鲁兹这样狂热的极右派不可能出线，而概念老旧、与选民呼求脱节的二世主杰布·布什也在初选中很快败下阵来的原因，胜出的那一个将是最代表选民意志的那一个。

2016年5月10日

特朗普的鸿门宴

2016年10月20日，是美国总统大选最后一次候选人大辩论。旷日持久的美国大选，最后一个多月有连续三场两党候选人大辩论，结果变成一度胜利在望的特朗普的鸿门宴。

第三场辩论前几天民调显示，希拉里的支持率已经明显领先。偏向民主党的民调上，比如《纽约时报》主持的民调统计，希拉里对特朗普已经拉开十几个百分点的优势。倾向于共和党的民调，比如"透明政治"（Real Clear Politics），特朗普已经落后希拉里6.5个百分点，特朗普的支持率是42.1%，希拉里的支持率是48.6%。美国的民调统计公司就有近百家，总统大选时几乎所有大媒体都有自己下属的选民支持率调查公司。美国是"民调政治"，总统、议员的一举一动，恨不得放个屁都要查一查民意调查。唯一可以不理民调的就是最高法院。民调的政治倾向并不可怕，也难以避免，关键是多种民调的共存共生，形成一个有活力的、多元的政治生态，没有"独大"和"寡头"，或者在"独大"和"寡头"存在时，对立派别也可以合法存在，并有平台发声。

扯远了，回到美国大选。左中右政治倾斜的民调都在显示特朗普的支持率落后，可见特朗普落后已经是不争的事实。坊间的话是，不是特朗普输不输大选的问题，输是肯定了，关键是输多输少。2016年11月8日的美国大选，既是投票选总统，同时也是投票选参众议员（美国的选票大如半张报纸，同一张选票，好多项"选择题"）。如果仅仅是输了总统位置，能保住参议院、众议院的共和党席位，不祸害其他共和党竞选者的努力，那还不算太糟糕。但怕就怕在鸡也飞了，蛋也打了，整个共和党的各层选举都被"大嘴"拖到沟里，那才是真正的噩梦，而这个噩梦，变得越来越现实。英文里"damage control"，也就是中国智慧里的"大事化小，小事化了"，与美国政坛危机公关原则不谋而合。出了事，闯了祸，至少要把损害减少到最小度，而不是扩大化，波及其余，"拔出萝卜带出泥"是所有国家的政客们最大的忌讳，美国也不例外。

纵观特朗普总统竞选中对希拉里的三次辩论会，他的失策，在于没有大事化小，小事化了。他在辩论会后的奇葩任性，达到的效果恰恰是无事生非，小事化大，大事变灾，"一竿子打翻一船人"。在辩论前他占优势，辩论后支持率却一落再落，众叛亲离。

仅仅就辩论水平而言，特朗普并没有输希拉里太多。他的演讲水平不是十全十美，但他善于学习。尤其是在第一次辩论会占下风的情况下，特朗普的第二次辩论会明显进步。特朗普的对手希拉里，混国会山二十年的老政客，辩论和讲演从来都是看家本事，也就是特朗普讥笑她的："别的本事没有，希拉里就会说，说得好听。"希拉里在辩论中的风度，镇静，不急不躁，什么时候动感情掉泪，什么时候冷笑鄙视，都有长期的实战经验。面对这样一个强大的能算计的辩论对手，特朗普在台上没有被压倒，并非易事。

基本背景是这样的：第一次辩论会前，特朗普在经济水平较贫困的中西部地区，俄亥俄州、密歇根州、威斯康星州、宾夕法尼亚州等等人口众多、幅员辽阔的选票摇摆州"下基层"，对选民拉选票，紧拉慢赶，已经在支持率上与希拉里持平，有的州比如俄亥俄州，支持率明显领先于希拉里。扳回一手的机会就在眼前，但是！但是！特朗普迎来了他与希拉里的第一次电视辩论会。要说特朗普在第一次辩论中表现差强人意，对比他在辩论后一星期的奇葩言行，那真是小巫见大巫了。

9月26日第一次大辩论，希拉里提到特朗普对女性的侮辱性言论，其中一个例子是他多年前把一个在波多黎各出生的"宇宙小姐"选美者叫作"肥猪"，说人家有严重体重问题，给她起外号"管家小姐"（因为波多黎各人在美国多从事清洁工、管家等"下九流"职业）。要是一般足智多谋的政客老油子，比如希拉里的老公，前总统克林顿，肯定立刻道歉，说自己多年前的错，希望既往不咎。没想到特朗普恼羞成怒，不仅不道歉，还一心想报复，不日后凌晨3点，特朗普在自己的推特账号上，在没有任何助手和竞选顾问干预的情况下，擅自发系列的推文，跟这个波多黎各美女隔空骂架。那一天大清早7点已经全美皆知，"特朗普于深夜3点坐于自家的黄金马桶上跟女人骂架"成为推特最大的话题。这场骂战持续了六天。然后，然后特朗普的支持率就往下走。

第二次辩论会特朗普的表现可圈可点，亮点颇多，比如在奥巴马全民医保政策失败这个议题上，逼得希拉里卡壳儿，只能回避不谈。特朗普说"奥巴马的医保，唯一受益者是那些突然之间被卡车撞倒的"，希拉里无以反驳，因为这话触到全面医保的致命伤。剜肉补疮，扰乱本来有序的商业医保市场，让原来有医保的美国普通人付出双倍的医保费，间接补贴援助政府医保，搞得民怨沸腾。第二次辩论会的幺蛾子是什么呢？原来辩论会前两天，曝光了特朗普十年前录制电视节目时在后台说的荤话，"摸私处"，"女人就喜欢被名人上"，污极辱极。一天之内，美国大报，比如《华尔街日报》《纽约时报》，女人私处（pussy）一词，被大字印在头条（早上取报纸时还被我家小儿高声念出来！因为"一眼看过去，这是报纸上最简单的字"），蔚为奇观。特朗普当时没有正式道歉，他努力为自己辩解，说这只是男人之间线下说的浑话而已。到第二次辩论开始，"脏话录像门"已经满城风雨了，他只能道歉。但是！但是！他再次怀恨，恨媒体的作弄，恨共和党同僚对他的责难。特朗普对大选局势的判断，像任何一个在幼稚园打架被打败的顽童，所有的错都在别人。

带着这种怨气，第二次辩论的果子才摘到手还没有焐热，他居然又连夜在推特上发帖子，痛骂共和党对他的不忠不容，接着又是一星期的隔空对骂，这次是在共和党内部，多方位，多人混战，被称为美国共和党的"内战"。几个共和党大佬，比如代表亚利桑那州的参议员约翰·麦堪宣布撤销对他的支持，特朗普回应麦堪本来就是一个无耻小人，当初求他时恨不得跪下来求赞助。参议院多数派代表保罗·莱恩火上浇油，说不再为特朗普的言行辩护（多新鲜啊，这种声明不是多此一举吗？除了激起特朗普更大的愤怒，还有什么益处）。

中文媒体上有人评论，"共和党不灭，天理难容"。

特朗普的怒火让他像脱缰野马，逮谁骂谁，正是中了民主党的计了。因为就在他与共和党各大佬争吵不休、骂战正酣时，10月11日，消息披露，司法部正在交涉希拉里的竞选团队，要调查她的电子邮件服务器，这个消息却完全没有被特朗普的团队抓住。"邮件门""献金门"是希拉里最大的腐败证据，希拉里的团队就想努力转移公众视线，"司法部调查"这种消息对于特朗普是天上掉馅饼，可以大做文章，但是特朗普没有做任何文章，他沦陷在自己的怒火中，他觉得全世界都在加害于他。

在总统初选时，共和党候选人都握着一手好牌，美国选民中普遍存在的，希望换一个政党当总统的情绪是最大的竞选优势。可是特朗普的一手好牌打不出来，他睚眦必报的个性，不做准备草率上场辩论的惰性，在社交媒体上想写什么写什么的鲁莽冲动，让他的大选最后冲刺变成一场政治自杀。一荣俱荣，一枯俱枯，这不是一个人的总统选举，从来不是。

2016年10月21日

美国华人为什么喜欢特朗普?

2016年10月31日是万圣节,这一天是一年中唯一一天可以晚上跑到陌生人家敲门不怕被人枪击。平时你如果敢这么做,深更半夜戴着面具穿着奇装异服去敲人家的门的话,门若打开了,多半一把长枪对牢你。万圣节允许各种幺蛾子。比如公共广播电台NPR在西雅图的分部,这一天对华盛顿大学的亚洲学生挺川活动做了一个报道,还拉了一个大四年级的中国学生王浩宇(Haoyu Wang)采访。第二天,这个简短的采访在美国华人社区传开,一片哗然——又被白左媒体坑了,我们挺川真的有那么蠢吗?

报道是这样:在华盛顿大学的红场上举行的亚洲社团挺川活动中,其中一个社团是"中国学生学者联合会"。王浩宇自称是这个联会成员,他对记者说:"我们不喜欢特朗普这个人,但是我们喜欢把他当作工具把美国搞残。风水轮流转,越来越多的中国留学生来到美国学习先进的技术,然后把技术带回中国报效祖国。"王同学还说,他的观点在华盛顿大学的中国留学生当中属于"非典型",因为大部分华人都支持希拉里,希拉里是个资历很深的厉害角色,但是王毕业后要回中国发展,特朗普当选总统对上升中的中国只有好处。

如果采访记者多问一句王同学到底是什么身份，到底是不是美国公民可以投票，这个莫名其妙的采访就不成立了。在美国做过留学生的人一眼便知，"中国学生学者联合会"是大学校园中的留学生组织，迎来送往，帮助刚刚到达美国的中国留学生机场接送，应付初到时找廉价租房、买二手汽车等等实际琐事。这些留学生或者访问学者几乎都是F1签证和J1签证落地，不是美国公民，跟大选啊投票啊没有一毛钱关系。不日"王浩宇"很快被愤怒的当地华人人肉，发现他是本科学英语的，并不是他对记者宣称的"政治学专业"。"他到美国时间短，个人背景有些复杂，还带有大量中国政治的烙印。""还在学英语的F1同学就请不要掺和本届大选了。"这是一个参政公号对大家的告诫。

美国的民间助选活动，都有公告，发布联系人地址和电子信箱，为扩大活动影响事前把时间地点通知给媒体，这是常识。公共电台不去采访正经的挺川联系人，反倒去采访一个刚到美国不久的留学生。这个报道播出以后一片哗然，白左媒体也太黑了，抓一个留学生来"代表"华人挺川组织。好多华人向公共广播电台致信抗议。

美国主流媒体丑化特朗普，连带丑化挺川者，自由派媒体主动出击为希拉里站边助力的偏心报道不计其数，"王浩宇代表西雅图华人挺川"仅仅是一例。在这场旷日持久、民意撕裂的美国总统大选中，除了右翼福克斯新闻（Fox News）是特朗普脑残粉以外，主流媒体，尤其是CNN、《纽约时报》、公共广播电台早就一边倒地支持希拉里，完全背离媒体社会公器的原则，已经到了颠倒黑白、别有用心的地步。原来有共和党倾向的《华尔街日报》、《华盛顿邮报》、"彭博财经"还算有点中立的良心。自由派媒体何止对华人挺川歪曲丑化，他们对所有的特朗普支持者都是嗤之以鼻。

纽约公共广播电台每天早上10点以后是社会政治话题秀，主持人叫布莱恩·里尔（Brian Lehrer），这家伙每天为希拉里的民主党摇旗呐喊，如果有挺川的听众打电话进来，主持人努力把问题问得有利于希拉里，变着法儿把谈话朝民主党有利的方向推动。对于布莱恩·里尔秀这种诱导性提问的伎俩，终于有一天家里某人忍无可忍，等不到进办公室，在高速路边的紧急停车线上把车停下，用手机给公共电台打电话抗议，并取消赞助。他这一折腾，招来了交通警察，警察赶来，说你怎么能随便停在高速路边打电话呢，到底出了什么事？答"我要取消对纽约公共电台的赞助"。哪想到警察也是恨公共广播电台不是一天两天了，心有戚戚，说好吧，你打完电话就走，我不给你罚款了。

黑川粉的话最经典的来自希拉里："一半以上的川粉是无耻，另一半悲催，老觉得政府亏欠他们了，需要大家多担待。"这是希拉里在2016年9月9日在纽约历史协会图书馆对记者说的话。"无耻者"还有细分：种族歧视者、性别歧视者、歧视同性恋者，总之都是顽固不化、不可救药的保守势力，站在普世价值的对立面上。希拉里这话是有多侮辱人啊，相比之下西雅图公共广播电台采访王浩宇的蠢，用过时的冷战思维框架华人参政，算是对得起华人社区了。黑特朗普推而广之到黑特朗普支持者，好像特朗普的"蠢"和"低级趣味"是可以传染似的。

希拉里对挺川者"无耻悲催"的概括，呼应了2008年奥巴马还没当总统时偶尔流露的对劳动人民的鄙视。那时，奥巴马以年轻的参议员身份竞选总统，在旧金山的一次募捐会上，他提到宾夕法尼亚州的小镇蓝领，"苦逼"，"是狂热的拥枪分子，宗教狂，心胸狭窄"……民主党左派的精英主义一再露出马脚，奥巴马这话被当时的竞选对手希拉里晒给媒体。现在风水轮流转了，做了总统的奥巴马在帮希拉里助选。

回到华人挺川。这次美国总统大选，华人的参政热情空前高涨。社交媒体，比如脸书、推特、微博、微信群的使用，在通信联络上是华人参政推波助澜的技术关键。华人主流挺川，这里的"华人"是要加定语的，指中国1980年改革开放后来美国留学，然后留在美国工作生活的留学生。亚利桑那州的华人团体最先购买飞机条幅标语，支持特朗普，这个举动很快被其他各州的华人团体效法，波士顿、亚特兰大、密苏里、弗吉尼亚的天空都飘起这种条幅。美国华人这两年社会意识觉醒，这并不奇怪。大半年前华人组织起来为纽约警官梁彼得减刑奔走抗议，那时已经小试社团力量的锋芒。这些挺川的华人团体以第一代大陆留学生移民为主流，他们和"反移民"的特朗普站在一起，这还是需要脑筋急转弯才能理解得过来的。

美国选民中的挺川派，从社会经济分布上看大部分是中下层白人，在贫困线上挣扎，没有大学学历，他们原来以劳力谋生，在克林顿总统贸易协定开放边境后，被大量拥入的更廉价的非法墨西哥移民抢走工作，比如饭馆厨房后面的洗碗工，比如为家庭割草、砍树、砌石墙、铺路的都是老墨，基本没有白人。有统计，美国没有大学学历的白人当中，十分之四都处于长期没有工作的状态，靠老婆、女朋友、父母的收入过活。最典型的例子，是波士顿马拉松爆炸案中的一个细节，一对被炸断腿的兄弟，原来都是建筑工人，后来失业在家，因为饭碗被墨西哥人抢走了。希拉里对这些社会经济地位边缘化的美国贫困白人的概括，不是空穴来风，但她的话还是招人恨。生活于社会下层的白人，把改变的希望寄托在特朗普身上，这可以理解。

华人挺川者完全不同于边缘化的贫苦白人。这些华人移民一代受过高等教育，在经济上至少属于中产阶级，有相当一部分的华人属于精英阶层，比如我的一个同学，一个迈阿密对冲基金的合伙人，他的挺川长文在朋友圈刷爆。这些精英华人选择跟保守、减税的共和党站边，这个新生现象颇耐人寻味。

我问家里那个挺川派，你为什么不跟普世价值站在一起？答曰："政客像婴儿的尿布一样，都必须经常换，才能保持清洁。"这是马克·吐温对美国政治的观察，总统的位置两党得轮流坐，老百姓才不会遭殃。

2016年11月4日

在小镇上亲历美国大选

2016年11月8日美国大选投票。给谁投票，特朗普还是希拉里？这是反反复复了两年的问题。让我从头说起。

（一）怎么投票？

本镇非常小，一万居民都不到，3700户人家。只有一个投票地点，在镇公立初中的小礼堂。人口多的城镇可以有好多投票点。小礼堂是一间很大的空屋子，可以打篮球，可以投票，可以集会。去投票点一路上都有明显的投票标志，路上还插着不少印着候选人名字的助选的纸牌；在加油站等地方有标语提醒你今天是投票的日子。停车后，往大门走的路上并排扎了两个棚子，一红一蓝，红色代表共和党，蓝色代表民主党，这俩棚子就是本镇两党助选总部了。旁边小一点的摊子是童子军卖饼干、圣诞树的。大门前是熟人进出打招呼唠嗑的地方，进门以后气氛不一样了。走廊里如果没有人的话，可以拿手机照相，两年前的国会换届中期选举时，我就干过拿手机拍照的事。今天不行，等候选举投票的人排队一直排到走廊里。

进了投票厅，就绝对不能拍照了。自拍和他拍，包括拍自己填好的选票都不可以。"拍照"属于"干预竞选"。在美国，干预竞选，骚扰投票人，都属于重罪，情节严重的能判到十年刑。2000年第一次投票时我特意带了照相机去，那时没有智能手机，我拿出相机就被提醒不能拍照，罢了。"不许照相"是为了保护投票点工作人员免受政治骚扰，投票选举在过去一直是有风险的事。

　　为了保护投票的匿名性质，填写好的选票是夹在一个硬纸文件夹中，送到投票机前，像传真一样送进机器里。每送进一张票，机器上的液晶屏幕都显示票的总数。选票英文叫Ballot，这是一个古老的词。投票机断链子出故障，是常有的事，美国公共设施老旧，有的地方的投票机二三十年都没有更新过。如果投票机出故障，情况比较复杂，得由专门监督投票的律师介入。美国因为是联邦制度，各州在州事务上有自治权，各地区的投票机和选票样式都不同。

　　美国各地五花八门的选票，奇形怪状的格式，就是土生土长的美国人都不会太注意。选票的样式和投票机在大选前公布过，但是一般人不理睬这种公开信息。在2000年当时的副总统戈尔对小布什的大选中，因为佛罗里达棕榈滩乡的奇葩选票闹过好多笑话，导致一场政治危机。那次大选，最后打官司到最高法院，给全美国选民上了好多堂宪法课，之后推动美国各地政府掏钱更新自动投票机。

　　拿到选票前，要核对投票人身份。投票人把驾驶执照上交，义工拿驾照核对选举花名册上的名字和地址。核对工作因为怕猫腻，由两个义工操办。投票场的很多义工是律师或者退休的律师，并不是带红袖箍的老太太就可以当选举义工。义工必须受过法律训练，这是一；义工有可能会因为选举结果受到骚扰，这是二。因为投票和参与选举而受骚扰甚至迫害，是各国普选中常见的风险。

投票人需要事前注册，"投票人注册表"由当地政府发出来，邮寄到家里。注册表是一张卡片，姓名地址，核对，签名，再寄回。选举过程中的投票人注册，身份证件核对，投票点时间延长或者提前等等，几乎每一步都可能引起法律纠纷。经过多年、多场官司，摸着石头过河以后，美国积累了一套行之有效的选举程序，基本不出大错，小错靠官司解决，听法官的。比如这次大选当天就有官司，内华达州的共和党告克拉克乡的选举官员，擅自在上一个周五提前选举的最后一天，把投票时间延长两小时，这个官司被乡法官驳回。

投票运行中的细节千丝万缕，要照顾到社会各个阶层的需求。比如前几天纽约公共电台就在广播通知，让无家可归者，流浪汉去投票，流浪汉的身份怎么核实这就是一个问题。还有八九十岁的老人，没有驾驶执照，没有护照，他们怎么核对身份？2000年归化美国公民以后，我对投票注册的事一无所知，当时根本没有注册，带着驾驶执照到投票点临时注册。但我也是运气，换了别的镇不允许当场注册。大选前，在谷歌上关于如何投票的搜索，比2012年上一次大选的搜索次数同比增加220%，美国有线电视（CNN）、《纽约时报》都有报道，这意味着第一次投票的20多岁的千禧一代，正式进入选民大军，这是美国选民政治蓝图的一个重要变化。

（二）票投给谁？

给谁投票，特朗普还是希拉里？选择流氓还是一个虚情假意的骗子？是我一直的纠结，也是一年多来美国人民的纠结和焦虑。彭博财经报道美国四成以上的人因为大选有中度到深度焦虑。半夜3点起来查看大选民调数字，冷汗直冒的美国人大有人在，忧国忧民，为国家前途操碎了心啊。

冷汗直冒的不仅是普通选民，参与政治多年、涉政颇深的人士，也是上蹿下跳，数月内从一个极端跳到另一个极端，变成精分。一个对冲基金大佬，开始坚决反对希拉里，"希拉里当总统，国将不国"。他为了资助德州参议员克鲁兹，特意建了离岸慈善基金，绕过政治献金法的限制，给克鲁兹捐钱。克鲁兹在共和党内部的初选中败北给特朗普，并没有出线。大佬绝望，但他又完全不能忍受特朗普，"特朗普当总统，美国玩完"，倒戈支持希拉里，"敌人的敌人就是朋友"。土豪心心念念的候选人克鲁兹，在别人眼里根本就是大选毒药。"毒药"有个更难听的名字，"披着人皮的恶魔"（devil in flesh），这是上届众议院共和党领袖约翰·贝纳尔（John Boehner），2016年4月辞职后送给克鲁兹的评语。贝纳尔觉得特朗普人不错，德州来的"人中恶魔"是万万要不得的。

这些骂人不眨眼的政客老爷们，经常让我想起交易市场上那些当着女同事说荤笑话、满嘴脏字的操盘手。像我这样由政客互相攻击，联想到公司里的那些混账糟老头、色迷迷的老板的女性选民，应该不少。登峰造极的，是媒体爆料2005年特朗普和NBC主持人的视频，"摸私处"之语传遍大街小巷，绘声绘色的性骚扰，牵动无数"白骨精"职业女性的噩梦。一个律师跟我讲起她跟客户见面，老男人的眼睛每次都盯着她的胸线，"想象这么一个厚颜无耻的老色鬼现在居然是总统候选人！"特朗普十几年前的荤话，像黑色的沥青一样，永远沾在他橘红色的顶心头发上。

但是希拉里呢？希拉里又是什么圣母了？知法犯法的政客，两口子拼命捞钱。竞选前一天，家里挺川的某人忽然幽怨地说："算了，我还是投希拉里票吧，我什么腐败没有见过。两害相权取其轻，就她了。"某人的态度，是股市上大多数投资者的态度：希拉里代表"稳定"，代表"可预期的结果"，没有幺蛾子，没有黑天鹅。君不见，10月28日，联邦调查局头宣布重启希拉里邮件调查，股指期货、大宗商品顷刻间全都跳水，跌啊！标普500一连跌了9天，创下最多交易日连续下跌的纪录。到10月7日周日，联邦调查局局长科米又改口，说没事没事，希拉里邮件调查维持原来调查结论。几秒钟之后世界各地的市场期指又猛烈回升，第二天10月8日，标普500上涨2.2%，硬是在一日之间扳回龙头！如此剧烈的疯动，可怜了投资人啊！还让不让人活了。五花八门的大选民调，不如看市场表现，这是最好的未来指南针。

这就是民主选举？这个吵闹，金钱政治的，媒体昧着良心一边倒，帮民主党助选的（以无耻的《纽约时报》、公共广播电台为代表），这场乱哄哄的阳谋，撕，就是多少人梦寐以求的民主选举？

我所住的州，康涅狄格州，是著名的深蓝州，民主党大本营。虽然本镇最近两年清一色投共和党的票，但是小镇势单力薄，变天是不可能的。康州四大票仓，斯坦福、纽黑文、哈特福特、布里奇波特都属于民主党。民主党治下的高税收、高救济的福利政治，把整个州的经济都拖下沟里，现在康州是全美经济增长排名倒数的州。这是某人幽怨的政治背景。民主大选，二选一，民主制度真是那么有效吗？

这个丑陋的美国大选是历史性的（历史性的丑陋，历史性的意义，这两解都可行）。希拉里是美国历史上第一位主要政党女性大选候选人。1900年妇女投票权运动从英国发轫，1913年女权活动家潘赫斯特（Emmeline Panhurst）喊出"自由或者死亡"这个嘹亮的振奋人心的女权口号，到希拉里·克林顿，这一百多年的女性在国家政治舞台上的奋斗，令人感慨，苦笑。

2016年11月9日

马其顿青年制造的美国假新闻

如果你高中毕业，没有工作，在家闲着，想轻松而且合法地挣一些零花钱，你怎么做？当地的经济环境并不景气，没有东莞市制造业这种劳动密集型的厂招工；也没有什么消费业，没有夜店、餐馆或者洗浴中心可以让你打工，你怎么办？

马其顿人口不足五万的小城威理斯（Veles）的青少年想出一招儿：跟谷歌广告联盟（Google AdSense，是谷歌开发的广告传播程序）签合同，建网页刷流量挣点击率的钱。在美国大选这场持久战没有打响前，网上流行的关于养身和健康知识的英语网站很多出于马其顿的这些小青年之手。美国总统大选开始后，就像福建莆田"老军医世家"从"男性健康"改做"美容"和"癌症治疗"，马其顿的网络专家们在美国大选中很快嗅到新的商机，改做美国政治新闻网页，这种网页点击率高，更来钱，尤其是支持特朗普、黑希拉里的新闻网页，极容易吸引眼球。

这个马其顿新闻造假村，最近由一个美国记者克莱格·西佛曼（Craig Silverman）披露，他是美国网络新闻网站Buzzfeed的媒体内容主编。西佛曼追踪美国大选时脸书上流传的假新闻，在他开始调查以后，他才发现英国《卫报》对马其顿这个造假行业已经有过报道，比如《卫报》在2016年曾报道"制造和传播美国大选候选人假新闻的网站主要不是来自俄罗斯，而是来自马其顿，约140多个假新闻网站源自马其顿的小城威利斯（Veles，Macedonia）"。《卫报》这则报道在美国的大选狂热中并没有引起太多反响。等2016年11月尘埃落定，美国人民们有心思旁顾和反思了，这时西佛曼重新拣起《卫报》线索，开始他的深度调查。

制造假新闻只是第一步，西佛曼发现，重要的是第二步，让假新闻流传出去，造谣还不够，还得传谣。脸书这个平台就是天然的传播"黑手"，而且是"细菌式传播"。全球有20亿人使用脸书，全球各大媒体都有自己的脸书账号。挺川、挺希的各种团体都有自己的脸书账号。所以马其顿的网络写手们，千方百计把自己胡编乱造出来的假新闻跟这些相应的政治党派团体链接上，希望能够赢得眼球，推高自己网页的点击率，这样广告联盟的银子也就滚滚而来了。这招很灵啊！比如群情激奋的特朗普支持者，看到《希拉里向ISIS贩卖运送军火》这则假新闻，立刻转发，那么瞬间三人成虎，这则假得离谱的新闻就被传播出去了；再比如在特朗普当选以后，有一则假新闻是"到特朗普大厦前示威抗议的，每个人都收了民主党的钱，每人3500美金"，转发和点评这则新闻的不仅有特朗普的儿子艾瑞克·特朗普，还有特朗普的助选团队总经理凯里·康威这样的大V，立刻火上浇油。

最好玩的是，西佛曼实地考察，发现马其顿的小青年们英文水平并不怎么样，有的写手连普通的英文对话都说不清楚，英语900句都还没过呢，怎么可能连篇累牍地编造假新闻把美国选民蒙得一愣一愣的呢？西佛曼最后发现，这些写手并不是真正在"写"新闻，他们所做的是"剪和贴"，copy-paste，把脸书上各种挺川反希拉里群里讨论的话题再组合、剪贴一遍，包装总汇后重新推出。所以，马其顿出产的"美国新闻"比谷歌上的原始新闻都会慢一到两天时间，这"一到两天"就是写手们的编辑时间，之所以没有露马脚还把选民蒙得晕陶陶，就在于美国选民们主动积极，不假思索地"转"、"评论"和"点赞"。

所以怪马其顿啰，怪脸书啰。脸书老板扎克伯格懊恼地想否认又无法否认。他其实想说的，脸书上那些五花八门的美国本地党派群，政治群，传播话题本来就有极大的水分，都是内容精彩但真实度欠缺的路子，脸书上的议事风气基本如此。真实的新闻都没有胡编的好玩，老实话没有人点赞，添油加醋、无中生有、唯恐天下不乱的谣言最博眼球也传得最快——西佛曼调查团队花整整七个连续工作日，对脸书上高点击率的假新闻和主流新闻媒体的新闻做了比较，得出规律是：脸书上高点击率和转评率的新闻，基本是两类，一是假新闻；二是图片，不一定是假图片，但一定是煽情的，有鲜明宣传价值的照片。在具有高度政治党派倾向性的脸书群中，比如挺希群，或者挺川群，符合该群群员政治期待的新闻（无论真假）会立刻得到传播和重视。用一句西方谚语概括，就是猫人看到的都是猫，狗人看到的都是狗，挺川者立刻转黑希拉里的新闻，而挺希者最喜欢读到骂特朗普的帖子。人们对符合自己固有信仰的消息最感兴趣。

脸书上的照片、图像、视频对传播的推动远胜于文字。这就是为什么四平八稳的彭博财经分析、《华尔街日报》社论的阅读次数远远不及一张来自马其顿的照片。这也是为什么传统媒体在脸书上卖新闻远不如政治群体成功。脸书上玩得转的是那些有强烈党派倾向的群推出的文章，"不转死全家"，"不转不是川粉"，这些党派群深谙新媒体传播之道：新闻要煽情，要精彩，真的假的关系不大。

对假新闻的调查，可以深入到接受心理学。西佛曼在几年前做过一个研究，他发现人在遇到跟自己原有想法矛盾的新信息时，大多数人的第一反应是不同意"新信息"，而不是对自己的立场质疑。比如在给罗尔捐钱这件事中，很多人在面对质疑罗尔的新闻时，第一反应是以"孩子有病是真的"，"给孩子治病要紧"，"罗尔的动机是好的"这种托词来避免动摇捐钱的初心。人有一种本能，拒绝认错。这次美国大选中人们的选择性接受是这样的强烈，有些谣言已经到绝不动摇的地步。比如《人物》杂志在几年前采访特朗普时，他说"我要代表共和党竞选总统，因为共和党蠢，好骗"。事实上这是一则子虚乌有的假新闻，特朗普并没有说过这话，但无论媒体如何辟谣，民主党选民还是愿意相信特朗普就是这么说过。"他就是这样一个货色！"真假不重要，重要的是符合自己的信念。

西佛曼此次研究发表在他的专栏，也即将出版成书，书名也是他专栏的名字，叫《对错误表示遗憾》（*Regret the Errors*）。

脸书的大老板扎克伯格在大选后痛定思痛，他是挺希派，没想到自己的公司变成川粉的宣传指挥工具。面对美国上下的各种批评，现在脸书上新设了假新闻举报机制，但这种对真假的裁判一直是脸书想避免的，言论自由，兹事体大。

2016年12月19日

特朗普总统就职仪式里的小麻烦

　　林肯在美国有许多名言传世，其中一句是1860年他意外在总统大选中获胜时对媒体团说的："诸位的小麻烦已经结束了，而我的大麻烦才刚刚开始。"不幸言中，1861年3月他宣誓就职的时候，已经有七个南方州宣布退出联邦（Union）。仅仅过了一个月，南方"叛乱"之首南卡罗莱纳州，桑姆特要塞，南北方军队交火，林肯力排众议，放弃外交谈判，选择兵来将挡——领兵出战，1861年4月12日美国内战正式开始。

　　林肯总统宏才大略，但也真是命苦，连任时的豪华就职仪式不是什么祥兆：那天晚上的总统舞会的自助晚餐一直到午夜才供应，把非富即贵的来宾们饿晕了，见到食物跟饿虎下山一样，几分钟之内一抢而空。好多男宾顾不得斯文，把装菜的大盘子顶在头上，爬上长条餐桌去抢食，等大盘装满了再顶到头上爬下餐桌，把抢来的糕点、三明治送给等在周围的名媛淑女。这是美国总统就职典礼上唯一一次的国宴哄抢闹剧。想想林肯时代的美国真是蛮荒之地。那次自助餐上最著名的菜是红烧野生乌龟（Terrapin Stew），这东西被北美人民吃到濒临灭绝才住口。那时的欧美上流社会菜肴基本是法国厨师主持，上档次的宴席红烧乌龟或者乌龟汤不可或缺（历代总统就职仪式和国宴，有详细记录，每到这个时候媒体就拿出来说）。

跟"美国内战"大麻烦比，新晋总统特朗普的还真是小麻烦，虽然还没有州敢宣布退出联邦，演艺界罢演的幺蛾子却已经开始了。2017年1月20日总统就任仪式，火烧眉毛，但他的团队还没有找到一个可以拿得出手的歌星来撑场面。"梅姨"（Meryl Streep）在金球奖上对未来总统的隔空批评，把好莱坞名人明星反川挺希潮再推一个高度。特朗普的保守右派态度，公开反堕胎反同性权利，基本把演艺界的明星全都得罪个遍，剩下没有得罪的少数艺人怕得罪粉丝，也不敢贸然答应在特朗普的总统就职仪式演出。特朗普白宫过渡团队的员工接受BBC采访时，承认很多歌星不肯接受演出邀请。为了表示特朗普不是恐同者，该员工强调巨星艾尔顿·约翰（Elton John）同意前来登台。这个采访还没结束，艾尔顿已经在推特上简单明了地说"不"。原话当然不止一个"不"字，更加重口味："让我唱？干吗不让泰德当众×纽特？""泰德"者，泰德·克鲁兹，德州出生的参议员，茶党领袖；"纽特"者，纽特·金里奇，混国会山的老政客，这俩都是比特朗普还保守的反同性权利的美国奸雄。

总统就职仪式上一贯的保留曲目，是犹他州摩门教的合唱团唱圣歌，曾经把尼克松听哭，这个合唱团已经答应前来演出。签约后合唱团有成员立刻宣布辞职，在推特上宣布，再加上一句话："为特朗普唱等于给希特勒献玫瑰花。"这个辞职事件，立刻被反川的白左媒体拿来大肆报道。同意唱的大歌星不是没有，比如英国歌手"肥吉"（Rebecca Fergurson），问题是她坚持自选曲目，她选的是什么呢？《怪果子》（*Strange Fruit*）——听这歌名就不是什么善茬，这是1939年由爵士歌手比利·赫里黛演唱成名的抗议歌曲，抗议美国南方白人种族主义者对黑人的私刑迫害。特朗普大喜的日子当然不肯听"怪果子"。

唯一签约的是美国歌手海选节目的一个16岁参赛者（还不是总冠军）。娱乐界的一线女明星和歌手，比如水果姐、雪儿、斯嘉丽·约翰逊、艾米·舒默、朱丽安·摩尔并没有公开拒绝邀请，这个面子还是给的。但是！这帮明星姑奶奶们一致宣布参加在总统就职仪式第二天举行的女性权利大游行，就在华府。

特朗普的媒体脑残粉，福克斯电视的主持人比尔·奥莱里（Bill O'Reilly）抱怨娱乐界的这种自由派德行，是另一种麦卡锡主义："搞得好像你支持特朗普，你就是坏人。"立刻就有人回应："你干吗不唱不去表演？你可以表演'刺杀林肯'啊。"奥莱里写了一系列历史类畅销书：《杀死巴顿》《杀死林肯》《杀死肯尼迪》《杀死耶稣》，最近一本讲二战末日本军队在太平洋小岛上负隅顽抗，《杀死日升国》。这套书跟《明朝那些事儿》是一路，挑正史中精彩激战的部分，戏说历史，我儿子基本读过所有"杀死"系列。奥莱里是娱乐界极少数拥护特朗普的人，让他在总统就职仪式上表演"刺杀林肯"？他肯特朗普不肯啊。想想除了林肯壮烈被刺这个悲剧，其余画风其实是蛮搭的，林肯是共和党最杰出的总统，力挽美国于狂澜；特朗普是共和党总统，努力要"重新振兴美国"。

唱红迪士尼动画片《冰雪奇缘》主题曲*Let It Go*的歌手伊迪娜，建议特朗普自己唱："他不是无所不能嘛。"特朗普当然不受这气，他在推特里反击："看看这些所谓的A线明星，他们捧希拉里的臭脚，他们到底为希拉里做了什么啦？什么也没有！我跟美国人民在一起！"人民，PEOPLE，大写的人民。这段推特是他在骂梅姨是"希拉里的马屁精"之前。特朗普的心理，跟所有暗恋明星又不被明星待见的美国政客一样，痛苦地膜拜，一往情深地暗恋，遭拒后愤然骂人，不尿你们，不来拉倒！

最近签约表演的是纽约无线电城舞蹈团"洛克兹"（Rockettes）。这个舞蹈团的风格，简单说，就是"康康舞"，一排长腿女郎袒胸露背，穿着短裤齐刷刷走步，踢腿，表演水手、圣诞老人。这是纽约百老汇传统的歌舞喜庆节目——康康舞嘛，不是什么高山流水的纯艺术，有点商业化的三俗。即使这样，其中一个女郎还在推特上打出抗议横幅："不是我们的总统"，"别的明星可以抵制为什么我们不可以抵制？我们怎么差了？我们也有自尊。我们将带着一颗沉重的心含着泪水演出。"无线电城的老板亲自出面调停，磕头作揖，对舞蹈演员们说："我们要对'不宽容'宽容。"这句绕口令好像那句名言的变体：不同意我的话没有关系，但我要誓死捍卫你不同意我的话的权利；不宽容可以，但我们要宽宏大量对待不宽容的人或者总统。最后协商的结果，洛克兹舞蹈团成员参加演出是自愿的，不强迫，不是政治任务。

特朗普跟艺术家关系紧张，从他竞选时就开始了。他作为一个电视真人秀的老演员，特别注意选民聚会大场面的气氛，每次必亲自挑选集会时播放的歌曲曲目。凡参加过他的竞选大会，都知道他喜欢选老牌劲歌，比如滚石、皇后乐队、甲壳虫、帕瓦罗蒂、阿黛尔的歌，在稠人广众下调动情绪他是高手，要不怎么成民粹主义总统呢？这些乐队一百个不愿意，声明过多次不许特朗普团队用他们的歌作为竞选歌曲，但是特朗普不管艺术家愿不愿意，他就是要用。就好像他和美女的关系——他在2005年电视节目采访时说："我等都不等，见面就开始亲她们啦。"（就是这段采访，把特朗普带进了"摸私门"。）

　　有则新闻头条是说俄罗斯人整了好多年特朗普在俄罗斯做生意时的黑材料，被一个前英国谍报人员搞到手，由倒川派买了下来，36页"内参"，最绝密的有两页，已经送交国会山的大佬们过目。我这个希粉喜滋滋地说给我们家暗藏的川粉听，他居然毫不动容：死猪不怕开水烫，特朗普还能有什么黑材料我们不知道的？能把选民吓住的？乱搞？通俄卖国？话说特朗普当选后这两个多月里做的，比奥巴马八年都多。丰田不是搞定了吗？日本人一被吓唬就掏钱，五年投资100亿，看看！这些外包生意的汽车公司都怕了，连波音都被特朗普叫去训话，卖的空军一号飞机太贵了，讹美国纳税人的钱。特朗普还没有正式做总统，就已经开始做总统之事，为国操心……可见，川粉不在乎就职仪式这种虚礼。

2017年1月12日

紧盯特朗普总统的"吹哨人"

2017年1月12日，"维基解密"的主儿阿桑奇在推特上说，如果曼宁能获得自由，他愿意被引渡到美国受审。短短几句话立刻引起轰动，被转八千多次，五千多点赞。美国总统任满离职前有大赦传统，1月17日奥巴马按惯例大赦了一批人，其中包括下士切尔西·曼宁。阿桑奇的豪言没有兑现，他辩解说原话是指立刻释放曼宁，给他平反。这个辩解不是没有道理，严格说大赦是"pardon"，奥巴马对曼宁不是大赦，只是"commute"——减轻徒刑，到2017年5月17日曼宁才能获释。

大兵曼宁是谁？原名布拉德利·曼宁（Bradley Manning），原美军情报分析师，2010年他将75万份美国军事文件交给阿桑奇的人，包括美军在伊拉克和阿富汗轰炸平民的视频，251 287份美国外交电报，以及482 832份军队报告，这些报告分别被称作"伊拉克战争志"和"阿富汗战争志"。

其中一份美国两架军用直升机空炸巴格达十几个平民和记者的视频资料，阿桑奇2010年4月5日在首府华盛顿记者俱乐部公布于世，全球几百万次观看，从此"维基解密"扬名天下，把这个网站推上了世界新闻报道的翘楚地位。

中文读者熟悉的几百份"关塔那摩"虐囚视频和照片的公开，也是曼宁的功劳，他就是那个让五角大楼颜面扫地、让美国政府丢尽了脸的小伙子，他交给阿桑奇这些海量文件，把"维基解密"这个网站推到全球调查新闻的顶峰。关于曼宁文件的详细内容，见维基百科上的曼宁词条。曼宁生于1987年，同性恋者，经过变性手术他从男身的"布拉德利"（Bradley）变成了女生"切尔西"（Chelsea），所以新闻头条里的曼宁照片是一个长发女人。曼宁在暴露身份后被逮捕受审，他光荣地加入了美国历史上一群赫赫有名的吹哨告密者行列，这些人在体制内部轻而易举获取情报，公之于世，曝光政府阴暗的内部交易，说他们改变了历史一点都不过分。

曼宁这种给媒体提供情报的义人，英文俗语叫"吹哨人"（whistle blower）。

美国现代史上几次历史转折关头，吹哨人功不可没：最著名的是"深喉"，在把尼克松总统拖下马的"水门事件"中，"深喉"给《华盛顿邮报》两位记者提供总统非法监听政敌的详细情报。在"水门事件"过去31年后，2005年"深喉"身份终于被公之于世，他是联邦调查局FBI的副局座马克·费尔特。

"深喉"之后，里根任内向伊朗政府非法兜售武器换取人质，泄露消息的是伊朗内部官员；进入21世纪全球反恐，披露美国政府情报部门NSA广泛监听计划的人是NSA情报人员斯诺登；连最近给《纽约时报》送去一份特朗普的税表拷贝的，也是一个匿名吹哨人，那份税表让美国全国人民发现，特朗普已经很多年避免上交联邦个人所得税了。

从1972年的"深喉"到大兵曼宁，曝光美国政府的罪与丑没有停止过。

对曼宁的减刑，相当一部分相信"爱国""忠诚"信条的美国人认为是大错特错，这个错当然也算在奥巴马头上，属于这个自由派总统的政治正确之罪之一。

曼宁把美国军队的秘密档案交给澳洲记者阿桑奇，这不等于是背叛美国吗？这是许多人的质疑。可是，没有曼宁，军队以外的普通人永远不可能知道关塔那摩的虐囚，美军在伊拉克和阿富汗的暴行。

国家的暴行，真的可以以爱国和忠诚的名义掩盖吗？忠诚、爱国、个人良知的底线，在这些大是大非前，到底怎么选择？支持曼宁的人一直在努力营救他，为他的诉讼筹集基金125万美元，对于爱国群众，曼宁是危险的军队叛徒，黑羊。

在"维基解密"的威力到达顶峰的时候，在西方引发了信息自由和新闻伦理的讨论。讨论后出版的论文集《超越维基解密》（*Beyond Wikileaks*），收集了西方重要大学新闻和媒体领域著名教授的论文15篇。此书中把"维基解密"与政策入侵（policy-hacking）、数字网络自由并列，提升到现代文明中自由表达的新高度。所谓"政策入侵"，就是"深喉"，曼宁所做的是以个人吹哨改变政府决策。

学界研究与现实操作并行不悖。"维基解密"的成功引发了一连串的独立新媒体新闻平台诞生，比如"琼斯母亲"（Mother Jones）、"首发媒体"（First Look Media）。

不仅鼓励"吹哨"，"首发"在特朗普就职演说话音刚落的时候，就推出旗下的名为"截取"（theintercept.com）的信息网站，简直就是"全世界吹哨人团结起来"的做派。"截取网"开宗明义：在2017年1月20日特朗普宣誓就职美国总统以后，美国政府比以往任何时候都更加需要媒体监督，媒体必须依靠政府内部义人提供可靠及时的情报，才能施展手脚进行调查。在特朗普时代，作为联邦工作人员，道德敏感的你，如果看到身边发生的违背道德底线之事，如果看到滥用职权，辞职不是唯一选择，你可以把情报秘密提供给我们，"不要悲哀，采取行动，拯救世界"。

在言论自由的保护下，美国民间对政府的监督，私对公的角力，在互联网技术发展的最近几年达到全新高度：无论是资金、技术，"琼斯母亲""首发媒体"这些民间媒体平台都鸟枪换炮，对舆论左右起到号角作用。

比如"琼斯母亲"在发动美国民间力量支持北达科他印第安人保护水源，一直走在所有传统媒体前面。"首发媒体"更不得了，它投资和制片的电影《聚焦》（Spotlight）是2015年最好的电影之一，获得奥斯卡最佳影片奖、最佳原创剧本奖。"首发"的资金来自eBay的创建人皮埃尔·奥米迪亚（Pierre Omidyar）。

再回到"吹哨"揭黑。"首发媒体"旗下的"截取网"绝对是把"吹哨"当作事业来做，这个网站详细教人怎么秘密上传文件，"千万不要用公司内部的无线上网设备上传文件，用公共的WIFI，比如星巴克咖啡馆的设备上传"。连加密浏览器"洋葱"TOR怎么下载和使用都教到了，好像余则成做潜伏，或者上山打游击。

特朗普就职讲话里反复强调权力还给人民，他要"拼尽在地球上的最后一口呼吸"，为人民服务。好了，现在人民来了，2017年1月21日首都华盛顿保守估计有50万人参加了"妇女权利大游行"，旧金山、芝加哥、波士顿、纽约响应妇女大游行的总人数达到百万。连1月20日总统就职日，都有抗议组织以"不要悲哀，采取行动"为口号，去宾夕法尼亚大道就职典礼砸场子，真砸啊——烧车、砸玻璃，200多人被逮捕；晚上再接再厉去骚扰参加各种典礼舞会的贵宾，朝他们泼水。

特朗普写推特回应："这些抗议的人早干吗了？干吗不去投票？"意思是你现在闹事要泼，恨我这个新总统，当初你干吗不去投票选别人？现在我是总统，得听我的。

美国媒体跟特朗普结的这个梁子，一时半会儿是化不开的。美国有线电视（CNN），现在已经被挺川派叫作"共产主义新闻网"（Communist News Network）。只是"共产新闻网"在明处，暗处使劲的还有"首发媒体"这样的高科技媒体公司。

美国民众这样的闹法，我本来以为没用，俗话说："怕听蝲蝲蛄叫还不种地了？"对于美国总统这种自由世界的领袖人物，人民的呼声不是他行使权力、决定国家走向的指南针。比如小布什出兵伊拉克之前，华盛顿近百万人的反战游行，欧洲几百万人的大游行，但小布什总统不管不顾，他说："总统决策不能光看民意测验来决定。"而特朗普这样的老江湖，皮厚着呢，根本不惮抗议者。从几天以后的报道看，我发现我想错了，老江湖有一颗娇嫩的玻璃心。

在竞选中承诺的事，特朗普宣誓就职后当天就从联邦政府网页下架的有：LGBT权利（也就是某人简化的"不许男同志上女厕所"），这项在他宣誓后25分钟就撤了网页，还有环保议题、平权议题。

据副总统潘斯说，特朗普和共和党新政有"百日计划"、"二百日计划"、"三百日计划"和"四百日计划"，好多火可以放，不止三把。一个强有力的政府，需要强有力的监督。

就职和游行的那个周末总算消停了。媒体传来的报道却是新总统为游行的事大发雷霆，他纠结于媒体报道的参加观礼的人数，认为媒体再次黑他，无良的美国人民（指那些游行闹事的人）再次低估了他的成就。最可气的是，美国联邦内务部"国家公园管理处"也在推特上发两张照片，分别是2009年奥巴马就职典礼和2017年典礼的航拍照片，因为总统就职典礼所在地，属于国家公园，归"国家公园管理处"管，就职典礼航拍图属于联邦的档案资料。

"国家公园管理处"这个清水衙门，忽然之间就被推到媒体和新总统角力的暴风地带，不仅代理主任迈克尔·雷纳德被总统叫去训话，在推特上发观礼照片对比图的当天下午，管理处的推特账号被紧急叫停，这是1月20日的事。更大的风暴在1月24日，周二，一个叫巴德兰国家公园（Badlands National Park）的推特账号连发四张全球变暖的照片，然后"自删"，理由是前工作人员（合同工？）干的。然后，然后联邦各部门的推特就落下因妄议而遭删帖的名声。最奇特的是，这些幕后的事，包括特朗普总统在白宫的第一个早晨，打开电视看到游行人群，怒发冲冠；公园管理处的小处长如何收到白宫电话，让他提供更多的俯拍照片……这些狗血细节都被无名斗士一五一十地爆料给《华盛顿邮报》，媒体再一五一十、津津乐道地发在头版，像我这样的吃瓜读者如身临其境，这就是媒体的力量吧。透明媒体里无巨人，特朗普总统您的玻璃心要不得，这是持久战。

2017年1月29日

特朗普女儿伊万卡是个什么样的人

　　2009年她出版的创业励志书这么写："不要怕白手起家。比如我小时候跟弟弟去卖柠檬冰，家里所在的康州避暑宅子所处的地段太偏僻了，没有顾客光临。怎么办？我们急中生智，把柠檬冰水卖给家里的保镖、园丁和女佣。他们都很配合，使劲从零钱袋子里掏啊掏啊。所以，创业从小做起，有困难你别怕。"还有一则励志故事：家中姐弟几个手工做了几个箭头，做好后把它们埋进土里，等朋友家的孩子上门来玩，出土这些个山寨的箭头，告诉客人小朋友这是印第安原住民遗留下的箭头，五美金一个把山寨箭头当作文物卖给他们。

　　她对金钱的认识，是从少女时代开始，第一次意识到必须自己挣钱，是被妈妈强迫坐飞机经济舱，从法国南部飞回家；而少女心破碎的时候，是在贵族寄宿学校乔特罗斯玛丽中学（Choate Rosemary Hall），她不得不住进用别的富豪的名字命名的大楼。"我们必须从全新的角度看待现实世界，包括忍受用别人名字命名的宿舍楼。"

　　25岁起被父亲安排进公司董事会，至今是公司的执行副总裁，但是她在书里开宗明义："是的，我们是含着银调羹出身的一族，出身于一个大富大贵之家，荫庇于祖父和父亲亲手建起的家族伟业。"但是！"我和我的弟弟们进父亲的公司，全靠我们自己，没有靠着家族的任何一点关系，不是拼爹。"这种装模作样，白富美装草根又装不像的行文逻辑，一直到第九页，传主自己都烦得不行："我是否在商业职场得天独厚，有先天优势呢？当然了，这你都不知道？继续阅读。"

这本书名是《打特朗普牌》（*The Trump Card*），伊万卡·特朗普亲笔撰写，扉页没有一行字感谢编辑或者助理，腰封上有素以"时尚女魔头"之称的安娜·温图尔的推荐，让我想起中国北方的俗语"有钱的王八大三辈"：傲然于纽约社交界，人人怕三分的冰女王安娜·温图尔，对这本逻辑混乱，把读者的智商不当一回事的励志书白纸黑字地点赞，可见伊万卡家多么有钱有势，法力无边啊。

白人、有钱、美丽、年轻、优雅，哦！还不屑于拼爹，还很努力工作，特朗普出来竞选总统的时候，这位十全十美的长女是她父亲最好的补充，深得郊区白人女性选民的欣赏。因为伊万卡不是特朗普，她不粗俗，不会对女人无礼，没有性骚扰投诉不断这些特朗普特色。"伊万卡不是特朗普"是白富美女儿在美国公众面前抛头露面要传达出的最强烈的信号，而且这个信号的确被白人女选民get到了。这些郊区中产，不是宾州或者西弗吉尼亚"锈带"的蓝领穷人，她们不会在自家的前院插"支持特朗普"的牌子，但她们是特朗普强大的隐形支持者。《纽约时报》2016

年11月9日的报道《白人女性助特朗普获胜大选的一臂之力》
（*White Women Helped Elect Donald Trump*）：2016年11月大选后
统计，美国53%白人女选民投了特朗普的票。具体选票人口细分
是这样的：94%的黑人和68%的拉丁裔女性投票给希拉里；51%
的有大学学历的白人女性投票给希拉里，62%的没有大学学历的
白人女性投票给特朗普。在入票效果上，伊万卡就是特朗普，媒
体说她的优雅锋利得像一把政治武器。

　　这对父女占据美国政坛，就像一对配合密切、互补互利的阴
阳八卦。特朗普喊着口号"为了穷人打破国会山建制派垄断"冲在
前面，"为美国再次伟大"；美丽优雅的女儿如影随形地在左右，
让家族企业更加繁荣，为公为私，所有的好处占尽。在大选结果
出来后，伊万卡的首饰公司立刻召开新闻发布会，宣传她助选时
所佩戴的时装手镯，广而告之，让选民粉丝们跟进购买。她的推
特，除了推上陪同父亲跟安倍晋三首相会面、跟阿根廷总统见面
的照片外，还日理万机地拍两张香蕉面包，以及三个美丽娃娃的
照片，为天下为人母面面俱到，媒体指责特朗普进白宫腐败，搞裙
带关系，女儿这边的推特做软化，人情化包装，看着不会太露骨。

　　伊万卡最受欢迎的讲演，让中美挺川派如痴如醉的，是
在共和党大会上，她站台称自己的父亲是维护女性权利的先锋
（champion of women）。特朗普骚扰女性、笑谈摸私的视频风暴还
没过去，就这样撒弥天大谎，伊万卡真是够拼的。然后她宣扬自己
是"绝对的女性主义者"，将向共和国提倡"同工同酬""带薪产
假"制度化，并表示她自己的公司就已经保障员工有带薪产假。

特朗普这样一个"女权先锋"，自己在共和党大会上都没有提"同工同酬""带薪产假"这八字提案，更不要说把它作为自己的施政纲领了，那等于母猪上树。"特朗普"和"维护女权"两个词毫无联系。他对职业女性最有名的一句评价是："很危险。"

再说伊万卡宣称的公司保障带薪产假，在媒体调查下，她指的是一个12人的伊万卡服装品牌，并不是特朗普集团（著名产业包括"特朗普纽约""特朗普迈阿密""特朗普佛罗里达·玛阿拉格"都没有）。1993年美国通过"家庭带薪产假"，要求员工50人以上的公司，雇主必须提供孕妇为期12周的"无薪产假"，外加健康保险和产假结束后的职位。至于"带薪产假"，是许多中大型公司给职工的福利，还没有联邦立法规定，但有些进步的州已经在近年立法。比如加州在2002年通过带薪产假法案；纽约于2016年通过，从2018年开始全面实行。伊万卡品牌公司那幸运的12个人享受8周带薪产假，灵活机动的工作时间。而伊万卡2012年同时建立的服装设计和生产公司的员工就没有这么幸运了，带薪产假轮不到她们。好吧，12人受到保障也是事实。跟她小时候把柠檬冰水卖给保安、保姆、园丁属于创业成功一样，度假回来坐经济舱受委屈一样，都是可以写进第二本励志书的素材。[伊万卡的第二本书已于2017年5月出版，书名是《职场女人改写成功之路》（*Women Who Works: Rewriting the Rules for Success*）]

"带薪产假"和"同工同酬"这两条都是美国职业妇女的痛点。过去，一个财务部男同事被解雇，出门前怀恨，他给全公司人发了一份公司上下的薪水表。我才发现自己的收入属于部门的中等水平，虽然自己在资历上属于元老。美国公司薪水上对女性的歧视猫腻，一直影响到好莱坞一线明星。比如2014年12月由黑客披露的索尼电影公司的邮件，詹妮弗·劳伦斯在电影《美国骗局》里的分成点数是7%，其他的同片男明星，比如克里斯蒂安·贝尔则是9%，这些百分点数分的是影片最后利润，所以一个百分点落实到现金是几百万美元的差别。詹妮弗·劳伦斯得悉后写公开信大骂索尼影业。除了大牌明星，邮件还可以看到索尼影业内部的高管工资，同样的副总裁职位，女性年收入150万美元，男性年收入240万美元。同工同酬就是这么难做到！

再回到女权先锋伊万卡。如果你看过她的品牌网站，会发现网站中推介的职业女性楷模，是跟她一样多金的成功女人，比如号称"白手起家"的凯特·威廉斯，澳大利亚毕业的律师，在环球一年的旅行后，爱上了纽约，决定搬到纽约这座全球生活费用最昂贵的城市。凯特·威廉斯和伊万卡都属于白富美阶层的，她们不需要为带薪还是无薪产假发愁；雇主因为宗教原因不提供避孕医疗保险也影响不到她们，她们根本不需要公共医疗，当然也无须担心堕胎费用，世界是一只用人打开的新鲜牡蛎，放进银托盘里再端到她们面前。伊万卡的女性主义，是跟营销直接挂钩的，过去这种以消费为目的的女性主义是打开女性消费者市场的营销策略，推销洗发水、卫生棉、流行首饰等等；到特朗普家族这里被用来推销总统，而且还推销成功了。

2017年2月4日

特朗普背后的男人更危险

特朗普是班农的傀儡，这个说法差不多已经路人皆知。美国电视综艺《周六夜现场》（SNL）有一个固定节目，《政治模仿秀》，这个节目模仿谁玩谁，就知道谁是政治红人、新闻热点。其中几集模仿的是特朗普和班农。班农以一身黑衣的骷髅形象上场，撺掇特朗普给各国元首打电话解闷，于是澳大利亚、墨西哥、德国一路打下去："准备打仗啰。"然后挂断！把文明世界的几国领导人搞得目瞪口呆，特朗普很得意很尽兴。然后班农提议给个小国元首打电话："让他看看谁是大哥。"津巴布韦被挑中，特朗普拨通穆加贝总统也就是穆老师的电话，所有的国家元首中穆老师最牛最不买账："唐纳德·特朗普？你以为你是大独裁者，你也配？我剥你的皮抽你的筋，切下脑袋当水杯喝，你一个白人，敢玩我！"说完挂断，特朗普给唬住了。这时班农对特朗普挥挥手说："好啦，玩够了吧？现在能把位子还给我吗？"特朗普乖乖地把座位让给班农，坐到总统办公桌旁边的小桌旁玩塑料玩具。

《政治模仿秀》只是玩笑，它这个段子玩的是特朗普和班农的关系，其中班农的一句台词意味深长："总统先生，你在这个位子上有利于实现'计划'。"特朗普问："谁的计划？"班农："我们的，当然是我们的计划。"

特朗普对班农的政治信任，起源于2016年8月的"摸私门"旧录像曝光，那是特朗普竞选总统最低点。2005年的录像曝光几乎让特朗普的竞选翻船，班农力挽狂澜，正式进入特朗普的团队任竞选总指挥。而班农对特朗普的竞选实力的看好，最早从2015年就开始。特朗普认为此次大选共和党真正的票仓，是来自于贫困的白人蓝领，班农对这种领袖远见非常佩服。事实证明特朗普一点都没有错，他的民粹主义政策对挣扎多年、经济上处于底层的美国白人蓝领是一味贴心的鸡汤，从此以后班农和特朗普的惺惺相惜没得说。

大选获胜后，特朗普准备入驻白宫，他最早宣布的内阁组成，有一个总策略师的位置专门为班农量身打造，这个位置权力平齐白宫办公厅主任。这种"双头蛇"的权力结构非比寻常，按照惯例，白宫办公厅主任是总统班底权力最大的，他决定总统的政策方向和信息选择，什么人能见到总统，什么议题优先给总统看到，都由白宫办公厅主任定夺，他是总统的"眼"和"耳"，也是白宫的守门人，现在凭空多出一个总策略师与之平起平坐。

国内对特朗普当选的普遍理解，是实干型政治家。这种亲切的接纳态度，一是出自特朗普的"重振美国"的口号，让国人觉得似曾相识。另一个原因，是国人主观良好愿望的投射，觉得特朗普跟希拉里比，他可能不会大搞意识形态或者大国霸权。这种良好愿望和判断，现在证明是一厢情愿，看看班农就知道。

班农的简历可以概括成两句话：他投资电视剧《宋飞正传》发财，资本积累允许他腾出时间和资金搞意识形态；然后他接任"另类右翼"（Alta-Right）新闻网"布莱巴特"（Breibart）的总编，也是主要投资人。"另类右翼"是白人国家主义的新称呼。到底什么是白人国家主义？白人国家主义跟美国传统右翼保守思想也就是美国共和党的立党原则有什么不同？值得深入研究。

班农利用布莱巴特这个媒体平台，重新定义"美国"。这种重新定义，是另类右翼的政治主张的理论基础，同时也是实践策略。先说理论基础。一言以蔽之，布莱巴特提倡的"美国"，是以欧洲白人基督教为主体的"资本主义国家"，记住这三个关键词："欧洲白人""基督教""资本主义"；而不是一个以移民为主体的多元宗教、多元种族的开放"熔炉"。在另类右翼的政治理想中，"美国"是意识形态范畴，属于国家政治概念，而不是种族概念。右翼对美国的重新定义，在实践上把谁是美国人、谁不是美国人区分出来，美国国民分成"我们恐他们"。最近的例子，是利用右翼媒体逼奥巴马要他拿出出生证，暗示奥巴马不是美国人。要贴标签的话，班农提倡的就是孤立的国家保护主义。

班农构架"美国优先"意识形态的另一个直接结果，是把欧洲白人主体的基督教变成唯一合法宗教，非基督教的其他宗教，比如伊斯兰教，属于政治团体，不可跟基督教平起平坐。伊斯兰教一旦变成政治团体，它就不再受美国宪法第一修正案宗教自由条例的保护。这是"禁穆令"的法律出发点。这也是为什么"禁穆令"发布前，朱利亚尼曾在电视上接受记者采访，谈到特朗普曾经询问过他："如何合法地让穆斯林禁止入境？"同理，特朗普总统一直辩解现在这个中东七国签证和绿卡禁止入境的行政命令，不是"禁穆令"，因为在现有的宪法体系下，伊斯兰教是宗教，它还受到第一修正案的保护，直接说"禁穆"等于赤裸裸地搞宗教歧视，属于违宪。把伊斯兰教政治化，排斥非白人、非基督教的成分，反对移民浪潮，是班农投资布莱巴特媒体平台想达到的意识形态宏图，多元化就变成一元化。媒体已经公布"禁穆令"出自班农之手，白宫也没有再否认。

从2013年起，班农就在物色符合他的政治愿景的总统候选人。他最初中意的是阿拉巴马出生的国会议员杰夫·赛逊（Jeff Sessions）。赛逊一直反对美国打开门户接纳移民，包括难民、技术移民他都反对，主张取消H1B工作签证。虽然跟班农一拍即合，但赛逊不肯出来竞选总统。在强调"小政府"、缩小财政赤字、经济上温和保守的传统共和党候选人中，特朗普是唯一持孤立主义立场的，他的出现立刻引起班农的注意。赛逊是特朗普在国会共和党参议员中最早的支持者，也是特朗普最早提名的内阁成员之一，邀请他出任司法部部长。赛逊可以说是特朗普反移民政策的始作俑者，无论是墨西哥边境筑墙，还是"禁穆令"，还是动议剥夺保护非法移民城市的联邦拨款，都有赛逊的影子。赛逊跟班农是一对双煞。赛逊伸进白宫的触角，是他原先的助理，史提芬·米勒（Steven Miller），米勒现在的职务是特朗普的发言稿起草总负责人，也就是"文胆"，同时是总统顾问。2017年2月初起"米勒"这个名字忽然在媒体频频出现。

就任两周内特朗普签发的一系列行政命令中，伤他心的不是闹得不可开交的"禁穆令"，而是在他事前没有完全明白的情况下，被班农忽悠签了行政命令，让班农进总统安全顾问委员会。这一举动非同小可。原来班农的总策略师头衔跟白宫办公厅主任在职位上不分高下，现在他把自己搞进安全顾问委员会，立刻如虎添翼。

再说，总统，或者商人，或者任何心智正常的成年人，怎么可能在自己没明白的情况下在文件上签字呢？这个细节经由媒体披露后，美国人民和其他世界人民真是不寒而栗啊！同时班农请了布莱巴特的两名新闻记者进入白宫给自己当特别助理，其中一个是朱莉亚·汉恩。汉恩年方25岁，是班农的"文胆"，比班农更激进，在意识形态上走得更远。这个家境优越的犹太女孩，在加州比弗利山庄长大，私立高中毕业，芝加哥大学哲学系的本科，曾经游学法国。她的阅历里无论哪个环节，都看不出是写出许多咄咄逼人稿子的另类右派激进分子，她被称作"班农的班农"。她进入白宫工作，是白宫布莱巴特化的开始。到底是白左媒体耸人听闻呢？还是真的要变天？

什么是布莱巴特化？就是把美国现在发生的一切，都纳入班农定义的"新美国"的叙事框架（参考前面那三个关键词）去解释。按另类右翼的价值观，来判断和指导美国国内和对外政策。这种叙事框架，这种价值观，是可以训练的，可以培养的，换句话，是可以输出的，比如朱莉亚·汉恩，就是培养后的思想产品。

2017年2月11日

做特朗普的房客是种怎样的体验

腾讯·大家集了几十个作者们的买房血泪史，国内媒体人含泪逃离北京的故事，我在海外好山好水好寂寞里隔岸观花，感受并不真切。逃离纽约很容易，只要过河即可。《旧约》摩西领亚伯拉罕的子孙出埃及，过红海，从奴隶变成自由的以色列民。现在我等新移民逃离纽约，过哈德逊河，往北是康州，往南是新泽西，往东是皇后区和布鲁克林。过了河在郊区按揭买一独立房，生俩孩子养一只猫一条狗，基本就是小中产了。回国以后被同学笑话"花钱小气，说话土气"，而在纽约大都市的边缘，我们是有产业者，近年来被挤压的掉进"收入陷阱"的中产阶级，被新总统立志要救出奥巴马经济深渊的一群人。

各朝各代，世界各地的大城市居大不易是普遍规律，自罗马帝国开始，盛唐长安，伦敦巴黎纽约东京里约，一直到现在北京的蚁民北漂，"居大不易"比人长久，不分国度。安得广厦千万间，大庇天下寒士俱欢颜。逃离之苦，居不易之罪，背后的原因各种各样，有的是城市人口管理有意为之，有的归咎于畸形的土地资源买卖政策（比如香港），而我身边这个世界之都纽约，廉租公寓市场之所以几十年如一日地供应稀缺，有一个主要原因是纽约市的福利租金政策。

福利租金政策，在纽约有两种，一种叫"房租控制"（rent-control），一种叫"房租稳定"（rent-stablized）。"房租控制"最严格，几十年房租不涨，如果轻微上涨要向市政府申请特许。"房租稳定"稍微好一点，虽远低于市场价格，但不会像前者那样低那么多，"房租控制"下的租金常常是市场价的零头。这种最早起源于苏格兰和爱尔兰的福利房租政策，旨在通过政府出手，限制一部分的廉价公寓租金上涨来达到帮穷的目的。房地产商在开发豪华房地产的时候，如果愿意配置一些公寓作"房租控制"或者"房租稳定"的廉租房，他们的项目审批可以走绿色通道。

根据《纽约邮报》2012年3月的报道，纽约这种福利公寓的数量巨大，占了房屋租赁市场的47%。整个纽约市有217万套可租公寓，近一半是这种福利房。最便宜的"房租控制"房是苏荷区的一间一卧室公寓，从1940年开始没有涨过价，每月租金55美金，等于吃一顿好牛排的午饭的价格。同楼的另外一家，1967年开始入住，面积500平方英尺（约等于47平方米）的公寓，每月租金71美金。而这整栋公寓楼，15套公寓（包括这两套福利房），在房价低迷的2011年以390万美元卖出。当时那个艺术家和画廊云集的时髦地段，一卧室市价租金平均是2500美元，福利房的租金是市价的零头都不到。这两套廉租房的住户，一个是退休空军，一个是诗人，都有自己的退休金收入。他们是纽约福利房的典型住户。纽约这种福利房的规则是，以1971年为界，福利房的租户只要是在1971年7月1日前入住的，只要自己不搬出，就可以永远租住下去，承租人过世后还可以把福利房租约转给配偶和家庭成员，子子孙孙无穷已，保持百年超低租金。正因为这个转让规则，加上纽约州通过法律准许同性婚姻，享受月租71美金的87岁的诗人，准备跟尼泊尔来的同性恋人结婚，尼泊尔人正在申请政治避难，肥水不流外人田，一代人吃福利还不够，还要传给配偶子女。"房租控制"项目下的房租每两年可以上涨7%，但必须到市政府申请书面特许。老诗人的房东，过去二十年都没有去申请过涨价，等于白住。

苏荷区这俩是福利房的最奇葩的超低租金，在纽约市也是创纪录了。在纽约租房市场上，占总数1.8%的出租公寓是这类"房租控制"，平均租金是800美元一月。另一类"房租稳定"廉租房占出租单元数量的45.4%，平均租金每月1000美元，每年可以涨3.75%。

我见过的福利房制度的享受者，没有一个算得上穷人，他们能通过各种手段和关系，钻这项制度的空子，而我们这些新来纽约的小青年，找不到公寓的时候差不多快睡大街上。我刚刚工作的时候每月工资的一半都交了房租，年底过节给楼里的管理员送1000美金的礼包，人家还嫌少（1997年啊！）。最不能算穷人的福利房租户，是我工作过的一个对冲基金的合伙人的老爸，公司当时在曼哈顿，中城莱克辛顿大道，他老爷子隔一条街住，第三大道，两卧室双厕，客厅窗户自己装修后加大，落地窗可以看到东河。客厅里挂着毕加索的素描，是他家20世纪50年代从东欧移民过来时一起带过来的传家宝。我当时并不明白这其中的制度不公平，只知道仇富，其实人家还真不富，人家属于福利制度上的"穷人"。情景剧《宋飞正传》（*The Seinfeld*）里有一集专门说福利房，为了能承租病入膏肓的97岁老太太的福利房，女主角打算跟亲生父母断绝关系，把自己过继给老人作养女。卖身算什么？月租200美金的福利公寓是百年不遇，结果竹篮子打水，老太太一个从皇后区来的远亲抢了先。

被福利房占领的出租市场是纽约这个大都市的房市毒瘤。因为这种大面积、大数量的福利租房，把近一半数量本来可以出租的公寓固定化，减少了公寓出租市场的自然波动，大幅度减少了出租房的供应数量——你想啊，一旦把福利房抢到手里，在白热化的租房市场上等于白住，谁还愿意搬出来呢？这项福利制度惠泽了极少数的居民，却把像我这样挣薪水的普通租户拒之门外。另一方面，高端公寓市场的租户、房东以及开发商并不受福利房制度的影响，在他们能承受的高价区间里，福利房并不在其中造成竞争。所以最终受挤压的，还是普通的打工者，纽约"房租控制"最后祸害的是纽约大部分中下层。房租不涨，平价公寓市场的利润畸形，薄利，导致房地产开发商没有动力去建廉价公寓，而是喜欢盖豪华公寓，因为这样更赚钱。有一个说法，每一栋新建的豪华公寓，代价是几座没有盖的平价公寓。

但是法律就是法律。福利房制度一旦立法，租户享受充分的法律保护，房东想撵走他们，真是比登天还难。地产商骚扰租户的例子，是现在的总统。1981年还是地产开发商的特朗普入了曼哈顿中央公园南100号的旧楼，想在这个黄金地址改建豪华公寓。旧楼里一小撮福利房住户却不肯搬走。特朗普想尽办法跟这些钉子户斗争，现在光公开的官司文件就有2895页。特朗普想出的驱赶招数有：断暖气，电梯里堆垃圾，拒绝维修，打官司骚扰，离间计让租户互相揭发，力图让这些每月只付几百美金租金，住着几室大屋的雅皮穷人搬走。其中一个福利房租户是牙医，这让特朗普愤愤不已，一个牙医怎么能算穷人住租金控制的大屋呢？还在其中开业行医挣钱。特朗普让人在电梯里堆满垃圾，让前来看牙的病人难受。另外一个福利公寓有六间房间，房主是一个画廊老板，家里挂了几张价值连城的莫奈和毕加索。水管爆了以后特朗普就是不来修理，直到地毯上长出蘑菇。最损的一招，是1982年到1983年两年里在报纸上公开做广告，邀请流浪汉前来入住，还假惺惺地提供医疗和戒毒设备。纽约大部分无家可归的流浪汉都有精神疾病，绝大部分是瘾君子，请这些人入住楼里，楼里其他的安顺良民真是居无宁日。

到1986年为止的四年里，特朗普花了100万美元跟租客打官司，却只花了16万美元用于建筑维修。"我知道这些富人的德行，娇气得不得了，住着大房子，不付租金，生活里小小不适就叽叽歪歪打官司。"这是特朗普在他的励志书《交易艺术》里的话。在近十年的跟租户斗争后，最后庭外和解，特朗普赔偿租户50万元，特朗普觉得自己还是挺友善的。吃尽租房苦头最后逃离纽约的我读这段报道还挺同情特朗普的。

2017年3月19日

特朗普总统与被罢免的联邦调查局局长

以股市震荡的幅度作为衡量政治丑闻严重性的指南针，基本八九不离十。美国政界连续演变的特朗普"通俄门"，其严重与否，可以拿道琼斯的涨跌来做衡量。前联邦调查局局长科米2017年2月的会议记录被曝光，消息传出来的时候，是5月16日，纽约时间星期二的晚上，道琼斯期指立刻跌了50个基点。第二天星期三股市开市收盘，跌到八个月来最坏。从市场的反应，你可以看到每一次"出事"对特朗普总统的打击面：一星期前开除科米，道琼斯有小震荡，但基本平稳；第二波，是特朗普会晤俄罗斯外交官，无意中说出机密情报来源，舆论哗然但道琼斯反应不大；而这第三次，狼真的来了：道琼斯一天跌372点，是自2016年9月以来跌得最多的一天。

特朗普总统的"通俄门"跟大选时希拉里的"邮件门"一样，是他赢得大选后一直甩不掉的政治包袱。特朗普任命的第一个内阁官员，国家安全顾问麦克·弗林，在那个位置上只坐了一个月，就因为牵连"通俄门"被迫辞职。按《时代周刊》5月18日的最新说法，特朗普幕下的官员跟俄国有18次尚未公开的电话和电邮接触，接触人包括特朗普的女婿。但这些接触是否真正非法，是否构成俄罗斯通过特朗普来左右美国总统大选这种弥天大罪，国会的两党各有各的解释和商榷，国会中占多数席位的共和党的态度是"选择性失明"，自从"通俄门"发端的第一天，共和党就变成"沉默的大多数"，希望风暴自行消失。这个死扛着不作声的局面不久被打破。

5月9日晚特朗普突然开除FBI局长科米的新闻传出来，震动美国，"通俄门"的严重程度正式升级。开除的理由，据白宫说，是科米在调查希拉里邮件中的高调表现造成司法部门混乱，这个理由没有人相信。开除科米对朝野的震动是如此之猛，特朗普总统不得不接受NBC电视采访，做应急公关。2016年在大选前夕，科米忽然宣布重新审查希拉里的邮件问题，这个做法的对错，一直是有争议的。特朗普在电视上对开除科米的解释，也是越抹越黑。他努力想澄清的，建议开除理由不是因为科米坚持调查"通俄门"，而是因为希拉里邮件调查中的不力。

采访中，特朗普推翻了司法部"一致建议开除科米"这个白宫强调的共识，把决定完全揽到自己身上，同时强调科米已经在通俄事件调查中把总统澄清。特朗普总统的"改口"引来媒体更多的质问，更不要提那个毫无根据的"澄清说"，媒体立刻要求总统拿出科米"澄清说"的证据。因为作为FBI局长这种司法官员，科米不可能私下对被调查的人表示澄清，这是普遍的常识。

为了保持司法部门超越党派的独立性，联邦调查局局长的任期为十年，总统在法律权限内可以免除联邦调查局局长的职位，但事实上美国总统极少会开除FBI局长。上一个遭总统开除局长的先例是在1993年。科米突然被特朗普总统开除，反对党立刻指责特朗普滥用总统权力，侵犯司法部门的独立性，援引的最多的例子是水门事件中尼克松总统开除"独立起诉官"阿奇博尔德·考克斯（Archibald Cox）。

事情还没完呢，过了两天又爆发特朗普接见俄罗斯外交官时的泄露机密事件。跟友邦分享情报机密也是总统权力范围内的事，再说了，用某一潜伏川粉的话，这样一个毛毛躁躁、注意力缺乏、学习能力堪忧、多动症、信口开河的总统，白宫助理写的机要简报都不能超过两页A4纸，还得双行距，否则总统眼神不济看不清楚，他能知道什么机密不能说的啊？泄密事件是众说纷纭，但是为什么特朗普要选择在开除科米后不日去见俄罗斯人？这不是自己挖坑往里跳吗？这次越抹越黑的是普京总统，他在美国朝野闹得一团糟的时候，决定出手相救，表示可以给美国政府提供此次会见的会议纪要。

川粉对总统泄密的质疑，也不是没有道理。《华盛顿邮报》在报道泄密事件时，消息来源是"现任和前任"的政府官员。如果是事关国家反恐安危的机密内容，"前任官员"怎么可能知道呢？《华盛顿邮报》没有说。再说了，这样大张旗鼓地播报机密泄露，第二天就跟进播报泄露的是什么机密、机密情报的来源（以色列政府），这不等于二次传播吗？那还机什么密啊。

泄密风波尚未平复，更猛的料来了。科米2月的白宫会议纪要被《纽约时报》曝光。科米与总统的会议发生在2017年2月，在弗林辞职后第二天，特朗普跟当时的联邦调查局局长科米开会，他要求科米停止调查前国家安全助理弗林，"弗林是一个好人，希望你能放他一马"。特朗普说，科米当时并没有承诺停止调查，只是同意弗林是好人这个说法，会议结束后科米回去就写了会议纪要，送交FBI部门存档。

因为FBI会议纪要的机密性质，《纽约时报》记者迈克·施密特（Michael Schmidt）是通过FBI两个助理朗读纪要内容才能进行调查的。这个纪要最绘声绘色的地方，是特朗普对科米提要求前，总统要求白宫办公厅主任和司法部部长都离开房间，这样特朗普可以跟科米"一对一"谈话。这种黑老大式一对一谈条件的做法，过去曾是特朗普主持的电视真人秀《学徒》节目的亮点，也是他自诩的地产王国最大的成功秘诀。但现在特朗普的身份已经不是皇后区的地产商，他也不是在跟布鲁克林的警察分局片警谈辅助拆迁的条件了，特朗普总统低估了科米这个FBI局长。

写电话和会议纪要、详细的电子邮件等形式的书面报告并交部门存档，是联邦调查局和中央情报局（CIA）从业人员的基本职业训练，"事情如果不记录下来就等于没有发生"是联邦司法部门的共同训条。科米撰写的这些纪要不仅有记录性质，而且包含了他作为律师对政府政策的专业分析，这种书面记录的习惯由来已久，在他过去十几年历任各种政府职务中一直坚持，几次国会听证会上都起到以正视听的作用。

最有名的是2005年他出任小布什总统内阁的司法部次长，当时司法部内部对在押的恐袭分子是否可以施水刑等做法有激烈的争论，科米坚持反对酷刑，一再向司法部长写了长邮件，辩明立场，力阻对恐袭囚犯采用酷刑。这些邮件往来，司法部内部律师的书面讨论，其中一部分于2009年被媒体发表，最终推动奥巴马总统调查并终止美国酷刑操作。也正是这些书面记录，让身为保守派共和党的科米能获得跨越党派之争的清誉，在民主党奥巴马治下的政府得到重用，奥巴马总统提名他做FBI局长。

曝光的科米白宫会议纪要如果属实，特朗普总统如此对FBI局长要求终止调查，属于总统干涉司法的行为，国会可以因此对总统采取弹劾行动。这是真正的政治风暴眼所在，是以科米这份白宫会议纪要的内容消息一见报，股市期指立刻大跌。国会"沉默的大多数"原来死扛不作声的共和党议员们，立刻出来表态，跟特朗普搞切割、划清界限，表示要把"通俄门"彻底地独立地调查下去。

美国反对党对总统的独立调查，是一个旷日持久的有力武器，拔出萝卜带出泥，查查就能查出问题了。比如1994年克林顿就任一年后，国会开始对他成立"独立调查委员会"，任命了史达（Starr）为独立调查人。史达的调查最早从克林顿夫妇卷入的"白水投资案"入手，当时谁也没料到五年后会查出总统与白宫实习生有染，克林顿为了掩盖桃色事件而犯下干涉司法的罪，进而被弹劾。弹劾克林顿不是因为他跟莱温斯基乱来，乱来无罪，但是为遮掩"乱来"对国会的调查撒谎则属于干涉司法罪。任何总统都经不起旷日持久的独立调查，它最终会把总统拖下水，发生执政危机。科米的白宫会谈纪要，其危险性就在这里，因为一旦引入独立调查，等于给特朗普的白宫埋下几颗可以引爆政治危机的定时炸弹。

2017年5月19日

在美国过日子是种怎样的体验？

诚实少话，站着别动

2月第三个星期一是美国的总统节，Presidents' Day，全国放假，股市停工，以庆祝第一任总统乔治·华盛顿的生日。注意原文里的总统是复数，因为另外一个总统林肯的生日在2月12日，所以这天纪念了不止一位总统，还有的州再加上第三位总统的名字纪念，托马斯·杰斐逊，他是《人权宣言》的起草者。

说起美国的第一任总统乔治·华盛顿，这位共和国缔造者既无格言语录，也无光辉著作传世，连一篇可以引用的演讲都没有，唯一流传民间的是他儿童时代的诚实故事，砍了樱桃树后主动承认。乏善可陈到什么地步呢？有次我儿子所在的小学总统节排戏，纪念各位总统，儿子因为个子最高而被选作演华盛顿，没有一句台词，唯一的要求就是表情肃穆更准确地说是木讷地站在台上不乱动。对此我这个做妈妈的还颇有意见，私下翻书查历史故事，提出增加两句台词，被老师断然拒绝，"华盛顿总统就是以寡言少语著名，他以诚实公正表率天下"，意思是跟普通政客的花言巧语不能同日而语。

因为无台词无动作，儿子在台上太无聊站了没两分钟就开始抓耳挠腮，最后把假发碰落挂在脑后，全场哄笑。这个笑话闹的，却让孩子从此记住了历史的真实细节，以后他一提起这位美利坚合众国的缔造者、独立战争总司令，他就说："我知道！我知道！诚实少话，站着别动！"

华盛顿不仅是寡言少语，他待人接物刻板冷淡，和他共进晚餐"有如葬礼般肃穆"。作为弗吉尼亚州的大奴隶主农场主，他中学毕业，从资质上来说是个平常人，最大的愿望是革命成功后回家继续做农场主。他在独立革命中显赫的战功和举全部资产而赴之的无私奉献——当时独立革命完全是美洲殖民地国民自发组织，从军火购置到官兵粮饷都是组织者"造反头头们"自行筹备，跟他在革命成功以后的退让和低调真是判若两人！

低调到什么地步呢？作为费城制宪会议的会议主席，他每次只说三句话，宣布会议开始、休息和结束；在独立革命胜利之后，手握总司令兵权的他，在第一时间把兵权交给国会；他对权力诚惶诚恐到像躲烫手山芋那样敬而远之，全票当选第一任总统后连任两届满，他立刻宣布告老还乡，绝对不连任第三届。最奇葩的是他形容自己接受总统之职时，"如死刑犯赴刑场"似的一万个不情愿。

身为制宪会议主席华盛顿寡言少语并非偶然，因为他的地位，他口出任何言论都会左右会议的辩论，造成一言堂。制宪会议选华盛顿为首任总统，一方面是实至名归，另一个重要的原因是他无子嗣，没"子子孙孙无穷尽"的世袭之虞。

说到国父无子嗣，不得不提前土耳其共和国的第一位总统，现代土耳其共和国的缔造者，土耳其之父穆斯塔法·凯末尔。2012年我在土耳其首都参观他的纪念堂，导游是个吊儿郎当的伊斯坦布尔来的小伙子，自称是自由化穆斯林，进酒吧喝烈酒抽烟穿牛仔裤，从来不去礼拜。他照本宣科讲完土耳其之父的先烈事迹之后，忍不住再唠叨几句心里话，在他看来国父留给现代土耳其共和国制度最好的遗产，不是一战中领导土耳其独立，也不是制定民主宪法，是57岁就去世而且没有孩子，"长寿的话他就会做皇帝，但是没有，57岁走了，没得说！真主还真是保佑土耳其人民！"

中国有句话"弱主，民之福"，这个"弱"字，对于万人之上有无限权力的一国之君来说，是退让，示弱，有所为有所不为，对自己的建功立业不要求老百姓崇拜，与日月同辉的只有日月。

再回到华盛顿，虽然在制宪会议上他三缄其口，一棒槌只打出三个词"开始，休息，结束"，每日如此，但提议召开制宪会议是他和麦迪逊将军，他是合众国宪法的始作俑者，他自始至终参加制宪会议保证了合众国建国之初的团结，这些都是后话了。

如今普通美国小孩子记住的，就是"诚实少话，站着别动"，这就够了。

2015年2月23日

在美国高等法院没找到圣人

有句俗话叫仆人眼里无圣人，意思是近距离曝光细节，再伟大的人都会露出凡俗面孔。没有圣人，有时还蛮失落的。

最近我们家13岁的少年就处于这种失落中。

事情要从他的八年级英文作业说起。在他学校，英文课和国民教育课老师勾结，给八年级学生出了一个难题："以宪法修正案中一条为线索，研究美国当代社会的一个主要社会热点，发掘一个当代真实人物（比如小马丁·路德·金），以他/她为内容探讨美国价值的核心内容。"

我猜老师可能是为了少费口舌跟这帮毛孩子解释宪法与宪法修正案，他直接把议题写在纸条上，让这些孩子选择，比如，宪法修正案第二条：枪支权；宪法修正案第五条：言论出版自由；宪法修正案第十四条程序法：堕胎自由权。

近一半的孩子选择枪支法。宪法修正案第二条就保障公民自由拥有和购买枪支，可见枪支拥有权在美国之根深蒂固，是公民权利的第一要义，可怜的孩子，选枪支权作题，几乎得从独立战争的历史读起！

儿子选的堕胎自由法案，1973年在美国最高法院通过。他以为自己拿了个轻松话题，1973年高院的里程碑式的关于堕胎案例，孕早期的堕胎从此在美国从违法变成合法。这是美国历史上第一次宣布堕胎合法，无论是后面有多少暗中牵制，到底是巨大的社会进步。儿子把主持这个划时代意义判决的高院首席大法官看作妇女解放运动中的大英雄，这个大法官的名字是沃伦·伯格（Warren Burger），就写作伯格大法官。

接着孩子兴冲冲去读记述美国高院的非虚构名著《九位大法官》（*The Nine*）。他仔细阅读书中描写的伯格大法官的段落，结果他倒抽一口冷气：此公人品堪忧，智力平平，虚荣得要命——比如为了在法庭看上去比别的大法官高大，伯格特意定做了一个大垫子坐屁股下面；作为首席大法官，此公非常不善于团结高院的其他法官，把所有的人都得罪，包括他最好的朋友和盟友也是经他一手提拔进高院的布莱依（Harry Brennen）最后都跟他翻脸；翻脸到啥地步呢，另外一个法官实在咽不下这口气，居然打破高院对媒体绝对禁言的传统，主动接受采访，揭露伯格的小人行径，最后曝光成书——所以老百姓才知道法官高大威猛的形象是借助屁股下的厚棉垫子，高院好多流传于媒体和夜间秀的笑话都源于此书。

最有损英雄形象的是，伯格为了在重要的划时代判决上名留青史，他不惜打探其他法官的投票意向，实在不行他就投票时临时倒戈，反正他得站在主流意见这一面。比如前面提到的自由堕胎法案，就是他倒戈的结果，那篇著名的堕胎自由高院意见判决书，以伯格为名，其实完全是另外一个法官的手笔。高院传统，如果首席大法官跟主流意见一致，最后的载入史册的高院判决书就由首席大法官主笔并命名。所以，这个主笔权对伯格来说太重要了。

面对人品学品都是中人之下的伯格大法官，孩子完全泄气了：这种人，怎么代表核心美国价值啊？失望之余，孩子执意不肯以伯格大法官为题，之后换了另外一个法官苏珊·奥康纳，奥康纳出生于亚利桑那州的牧牛场，农场无自来水无电，7岁学会驾驶卡车、打猎枪、生火造饭，斯坦福大学法学院第三名的成绩毕业找不到任何工作（因为她是女人），从救世军的义工做起一直做到高院大法官，奥康纳完全符合13岁孩子的社会英雄的模式，唯一小小不足，她是女人，瑕不掩瑜，正能量终于找到了！最重要的是，奥康纳在1994年维护自由堕胎法案投下最关键的赞同票，拯救了美国妇女。

美国高院这些八卦龃龉，对我这个生长于20世纪70年代中国的人来说就是杯水风波。伯格怎么不好了？他倒戈跟主流投票有什么不对吗？至少他从善如流，伯格的小奸小坏，组织管理能力差，无能，更多是个人的特点但并不妨碍高院的公正独立。

伯格的确是保守的总统尼克松亲自挑选提名进高院的，进高院前他只是一名尼克松司法部的中级官员，中人之智，谈不上卓越的法学造诣和眼光，尼克松总统对他的信任基于伯格跟总统保持一致的保守右倾政见，他是尼克松的幕僚，一度是副总统的候选人之一，尼克松希望高院有跟他意见不左的法官。这是提名伯格的初衷。

问题是，伯格一旦做了高院大法官，在司法意见上他完全独立，伯格投票的决定跟他原来的老东家尼克松毫无关系。这种官员独立的妙处，是土生土长的美国孩子看不到的，他们把意见独立当作想当然的事，岂不知"意见独立"在别地的政治可能带来杀身之祸。

这些在美国宪法中寻找圣人的孩子没听过"圣人不死，大盗不止"这种中国老话，也没有读过韦伯的《人类社会经济史》，韦伯把人类社会分成三个时代，分别是英雄时代、传统时代和法治时代，一个法治的社会应该是没有英雄的年代。伯格的美国高院到奥康纳的高院是一脉相承的，它的司法精神是活的，最重要的，它是独立于任何明君和昏君，没有枭雄和英雄来主宰。

2015年2月24日

上过天才班的亚马逊老板

话说20世纪70年代美国德克萨斯州有个刚刚兴起的天才儿童教育项目，地点在德州的休斯敦橡树河小学（River Oaks Elementary School）。这所休斯敦地区著名的优秀公立学校，属于地区考核招生的精英小学，它自创一套教学法，名之"前卫"，目的是开启学生的独立思考能力和创造力。"前卫"教学法深受家长学生喜爱，一直沿袭至今。其中一个孩子的家长朱莉·瑞（Julie Ray），因为对这个天才班教学深信不疑，在她儿子从橡树河毕业后再次回去小学探访，并决定写一个追踪报道。

报道最后写成书，书名叫《开启心智》（*Turning on Bright Minds：A Parent Looks at Gifted Education*），书的主角是一个12岁的六年级男生，提姆，是橡树河小学校长为了配合瑞女士采访，推荐来陪她参观学校的，当然也是该校天才班的学生。

此学生个子不高，自信，老师评语是"缺乏领导才能"，对作者的提问娓娓道来。他给作者看自己做的一个叫"无限管"的东西，原理是利用镜子和电池驱动的马达做出无限循环的景象，这孩子的发明其实是山寨玩具店里出售的一种玩具，"玩具卖22

刀，但是我这个价格要便宜很多"。老师介绍这个小男生的三个类似小装置都进入了本地高中的科学竞赛。

为了练习数学课上的制表统计方法，小男生设计出一个公开调查，评估学校的数学老师的师资教学质量，区分"受欢迎的教育和高水准的教育"。在瑞女士参观学校的时候，调查结果已经出笼，其他学生正在统计调查结果并给每个老师的评估做出图表。

瑞女士印象最深的，是一个叫"高效思考"的课，每次上课七个孩子一组在校长室里坐成一圈，各自默读一个简短的新闻故事，然后发表自己的评论，评论的形式是模仿新闻发布会的文稿格式。"高效思考"课讨论的第一个故事是一个沽名钓誉的考古学家，探险归来后伪造文物，最后被同行揭穿举报。六年级半大小子们对这个造假而倒霉的考古学家议论千奇百怪，有的甚至评论"他耐心不够所以运气不佳"。"高效思考"是小男生提姆喜欢的课。不难看出，这个"高效思考"的形式和内容都跟后来大行其道的哈佛案例教学有许多神似，唯一不同的是学生是六年级。瑞女士没有读过哈佛商学院，20世纪70年代哈佛案例教学法也没有那么牛闪闪。

瑞女士的书写成后因为题材狭窄而不被出版社看好，最后她自己决定自费出版，1977年《开启心智》印行了1000本平装本，书中小男生提姆在家长要求下没有用真名。

时光荏苒，话说三十多年以后的今天，在休斯敦的公共图书馆里还可以找到《开启心智》这本小书。书中的那个让瑞女士刮目相看的小男生提姆，被瑞女士一直关注，从来没有在视线中消失。提姆的真名是杰夫·贝索斯（Jeff Bezos），最大的网店亚马逊的创立者和大老板。有趣的是亚马逊公司内部的员工会议，居然沿袭橡树河小学"高效思考"课的样式，没有幻灯片，发言人必须手写六页的发言稿，贝索斯强调手写，他相信手写是启迪创造力的不二法门。每一次公司内部新产品提案，都必须按照新闻发布会文案格式写作，这当然也是橡树河小学的训练，因为只有这样员工才可以感同身受亚马逊顾客看到新产品时的体会。

贝索斯在橡树河小学只学了三年，从四年级到六年级，之后他家搬迁到佛罗里达州的迈阿密，他以第一名成绩高中毕业，进入普林斯顿大学，本来计划的专业是物理，后来改成工程和电脑专业，他先进入的行业是对冲基金D. E. Shaw，在事业顶峰辞职出来开网店做电商是1996年，灵感来自于那年最高法院的一纸判决：顾客邮购产品可以免交销售税，这样网络商店能吸引美国顾客都来钻销售税的空子，于是有了网店的念头，从念头到现在9万员工，到2012年为止610亿美元的年销售额的亚马逊，是一颗种子和参天大树的关系。同理，那个天才班六年级的小男生，跟来访阿姨嘚瑟自己山寨的玩具比店里便宜的小天才跟三十年后最成功的网络创业故事的主角的关系，远不是几句话可以说得清道得明的，唯一确定的，是橡树河小学没有用小升初的题海奥数班钢琴考级等没完没了的证书考核埋没他。

2015年8月4日

美国曾经最火的科技天才奖过气了?

每年1月初是美国英特尔科技天才奖半决赛名单出炉的日子。

2016年约有3000件科研作品中的300名脱颖而出进入半决赛;从这300名中遴选40名finalists进入决赛,这40名高中生在首府华盛顿参加最后的"冠军赛",包括面试答辩,最后前10名在类似于奥斯卡之夜的宴会上当场宣布。竞争者的科研作品和论文、推荐信、标准考试成绩、在校成绩单一并在考察之列,是美国竞争最激烈的青少年科学竞赛,一度被小布什总统称为科学的"超碗杯"。

与往年不同的是,2016年9月英特尔公司宣布在2017年赞助合同期满后不再继续承担赞助,舆论哗然,第一猜测就是英特尔抠门,不肯出钱了。自英特尔从西屋公司手里接过赞助权,1998年开始科技天才奖以英特尔冠名到现在,已经过去十七年。对英特尔来说承办科技天才奖的社会和科技影响有深远的意义,福利远大于付出,它每年为此奖付出600万美元经费。拿2014年财年举例,公司年财政总收入是559亿美元,科技天才奖的赞助费占公司年收入的0.01%都不到;1997年退出赞助时西屋财政窘迫、濒临倒闭，不久后西屋这家生产机械设备的公司就被CBS收购，从此光荣进入历史，跟1997年的西屋公司比，英特尔如今并不差钱。

不差钱而退出赞助，有人猜测是"过气"：英特尔公司过气了或者是科技天才奖过气了，或者都过气了，与今日世界越来越不相关了。

说起来真是残忍，1998年接手天才奖时，个人电脑和电脑芯片业如日中天，现在的英特尔即便荷包满满，充其量就是一条"现金牛"，实力不再能代表最前沿的科技先锋和精英，"天才奖"的行政组织承办者"美国公共科技协会"，想找一个更年轻更性感的赞助商，这个理由也不是不可能。

还有说是"天才奖"过气。诞生于1942年的数理化竞赛形式是冷战时代的产物，英特尔公司这些年对"天才奖"遴选竞争中过分强调严格的传统科学实验方法并不满意，这种传统科学实验方法离不开大学院校的数理化师资和实验室，这也是为什么历年获奖者多集中在大学院校和国家实验室林立的纽约州和马萨诸塞州，纽约州的历届获奖人数高达840多名，远远高于其他各州。这种传统实验方法培育出的人才即便不过时也不能囊括现时代最优秀的科技精英，这点只要你稍微注意一下2015年的科技新闻头条就不难明白。

到底是谁嫌谁过气，英特尔公司和"公共科技协会"都不予置评。英特尔同时宣布停止赞助的还有"国际科技工程展览会"，取而代之的是英特尔自己组织的"发明创造展览会"（Maker Faire）。自2006年发轫于加州硅谷湾区的Maker Faire不强调科学方法和论证，参加者几乎来自于社会各阶层，它聚光于新发明和科技应用，这跟英特尔公司现在努力往"物联网"、新材料、人工智能、人机合作方向调整公司战略有关系，Maker Faire获奖者被英特尔选中后，有些直接投入生产，比如前年的用乐高搭建的盲文打印机。

Maker Faire主要支持小型创业公司，还有连公司都算不上的团队和个人，已经不是高中生为主打的科技竞赛了。亚马逊的创立者和大老板杰夫·贝索斯高小六年级时候山寨过几件的小玩具，被送到休斯敦的地区中学科技展览会，他总结那个山寨作品最大的优点是造价比玩具店低，价格只有玩具店一半都不到，按如今标准这种山寨玩具最多是入选Maker Faire而不是入围科技天才奖。

前年我带儿子参加纽约皇后区的Maker Faire，当时展区里有近千个3D打印技术的柜台，热衷此项技术的从卡车司机、退休工程师、小镇图书馆管理员（比如本镇的3D打印机就是那时购入的），一直到"爱国者"导弹的生产者，军火商雷神（Raytheon）旗下的科技团队都在其中扎堆，新发明从首饰配件、家居用品到汽车零件一直到武器外壳材料，五花八门，光怪陆离像个马戏团。展会上最多的是完全不知道何用的东西，比如今年最新一期Maker Faire的招揽广告是一只占地半个球场大的巨型老鼠夹，自家后院可以发射的火箭，还有看智能电视用的袜子……美国的科技教育和精英选拔，从英特尔科技天才奖穿越到Maker Faire，这十七年感觉跨越了不止一个世纪。

1997年入不敷出的西屋公司宣布退出天才奖赞助时，那个时候的世界科技图景说起来真是恍如隔世：1997年当然没有微信，微信要过十四年才会诞生；马云还在搞他的中华大黄页网站，没有淘宝也没有支付宝；北京承办奥运会还是想法，连申请团队都没组织。美国这边，1997年亚马逊成立一年不到，是一家利用批发差价卖书的网站，每卖一本书可以赚两块钱美金，网购是新生事物，利用1994年美国国会通过的新法律，顾客网上购物不需要付地区销售税。乔布斯正当盛年，他时不时向媒体暗示他可能重出江湖回到苹果公司当CEO，苹果电脑占个人电脑的市场份额2%都不到，马上就要倒闭。

2015年微软前CEO史蒂夫·鲍尔默（Steve Ballmer）承认："微软1997年向濒临破产的苹果公司注资1.5亿美元是微软曾做过的最疯狂的决定。这笔资金将苹果从破产边缘解救回来，并将其推上超越所有竞争对手、占据市场主导地位、成为世界上市值最高公司之路。"真是说多了都是泪，苹果智能手机的出现，也是微软个人电脑没落的开始，最大的优点变成最大的缺点，一旦错过历史发展结点，微软公司的产品战略怎么都转不过弯来，这是题外话了。

再回到英特尔冠名的科技天才奖。这个奖自从1942年创立以来，得奖最多的领域是物理和化学，然后是数学、生物医学、癌症研究；数理化这个传统科学研究方向也是获奖者进入社会以后终身成就最突出的领域，比如科技天才奖中产生的八名化学或者物理类诺贝尔奖获得者，另外两名拿到专门给数学家的菲尔兹奖，这些显赫的成就凸显英特尔科技天才奖为传统基础科学研究发掘新人才，另一方面又显示此奖在新兴领域明显的匮乏。

历年总计有14.7万高中生参加竞争科技天才奖，其中2.2万人进入半决赛，进入前40名拿到去华盛顿参展答辩资格的决赛者2900人。这个奖历年参赛人数并没有减少，近年还扩展到亚太地区，比如今年进入半决赛的高中生中就有来自上海和台北国际学校的学生，这种变化凸显了组织者对全球化科技潮流的努力适应；但是这种宏大烦琐、严格遵守科学实验模式的天才竞赛活动，让远离大学科研社区地区的高中生群落因此跟科技天才奖多年无缘。这也是美国纽约和麻州存在着一些天才奖专业户高中，多年重复得奖的原因。

十年前纽约长岛一所著名高中曝光一生物老师性骚扰女学生，该生物老师就是这所明星高中的英特尔科技天才奖的指导老师，过去二十年里每年在他的指导下该校都有几个学生入围半决赛，他的性骚扰劣迹当然也被学校和家长姑息了二十年之久。这从另外一个侧面也说明科技天才奖研究课题的重复，聪明的指导老师成功几次后不难摸到规律。这种重复和规律性，对于科技成果的选拔是最致命的，说明选拔机制开始落入窠臼和程式化，创新和探索是科学研究的精髓，重复即失去生命力和权威性，相比之下Maker Faire灵活多样，完全是生机勃勃的野路子。

一方面英特尔退出科技天才奖的赞助，另一方面Google和美国白宫近年设立了自己的高中科技选拔赛，潮流百变不离其宗，鼓励高中生科技创造，科技从娃娃抓起，从来没有out。

2016年1月12日

靠玉米灌饼支撑起来的美国高科技

近年来轰动的人工智能"奇迹"是跟职业九段对决的"阿尔法狗"，相比之下，几年前暴热的自动驾车（又叫"无人驾驶车辆"）已经是明日黄花，2020年正式商业投产的时间在即。谷歌研发自动驾车的分公司"谷歌X"原来是硅谷的最高机密，2015年开始对记者开放参观，运气好的还可以乘坐自动驾驶的模型车。谷歌X于2007年组建，到现在短短十年不到已经从"前沿科技"降格成"成熟技术"，其速度之快用"日新月异"来形容不为过。回顾"自动驾车"从概念诞生到成熟，是美国科技发展中独特的"国退民进"，草根创新的又一个例子。

自动驾车的设想最早从1959年的日本就开始了，对它最感兴趣的不是民间，而是美国军方，但军方"自驾"无门，苦苦做了几十年没有任何进展。20世纪80年代中，美国国会通过的法案中有一项是关于美国未来军事技术发展的目标和规划，其中有一条涉及"自动驾驶汽车和飞行器"："到2015年美国军用战车中必须有1/3实现无人驾驶"。二十年过去了，无人飞机已经满天飞，但自动驾驶车辆这个领域毫无进展，不要说应用和推广，连技术关都没有攻克。无奈之下，五角大楼求诸于野，2002年美国国防部下属的高级战略研究机构"达帕"第一次用百万美金重赏，公开招募民间设计自动驾驶汽车。

公开招募是用竞赛的形式，名叫"达帕大挑战"：2004年3月14日，任何机动车辆在无人操纵的条件下，能在加州西南的莫哈韦沙漠指定的路上开满142英里，10小时之内到达，第一名都可以拿到100万美金现金奖赏。听上去简单，这一条沙漠公路其实处处陷阱，既有上坡又有急转弯，还有手机导航信号不能到达的死角。

举行全国公开竞赛旨在调动美国民间的设计资源，解决技术上的难题，就好像古希腊神话里精疲力竭的阿喀琉斯，必须重新立足于大地，从他的地母身上吸取灵感和力量，然后满血复活。

重赏之下必有勇夫，这个竞赛在网上招贴出来以后吸引了形形色色美国民间草根的和专业的工程技术人才、设计发烧友、技术疯子和奇葩，从大学院校工程系学生，三大汽车公司的设计师和工程师，保险公司的员工，一直到硅谷湾区的高中生课外活动俱乐部都想弄到那一百万赏金。工业巨头迅速跟几大工程院校联手：卡内基梅隆大学跟通用汽车联手组队；加州理工学院跟军火巨头诺索普·古朗曼联手；俄亥俄州立大学跟卡车公司"欧师寇师"结伴设计。

参赛者中最野心勃勃的是加州州立大学伯克利分校工程系大三学生安东尼·朗万多斯基（Anthony Levandowski，以下简称"朗同学"），他什么权威大佬都没傍上，连导师都觉得他参赛不现实，但是财迷心切，志在必得那百万美金，他靠着请同学吃墨西哥玉米灌饼，忽悠导师手下一半的博士生花两年时间给他免费打工，做一架空中楼阁的"自动驾驶摩托"，资金呢？他自掏10万块钱积蓄，加上从"雷神"等大公司像讨饭一样筹集了3万块钱，一共13万美元的资金。其中一个打工的博士生毕业后做了麻省理工学院的数学教授，记者采访问及当年的壮举，他说："我觉得他能挑中我，我很荣幸！唯一的遗憾是玉米灌饼每次都是一个品种，没有口味变化。"他没有抱怨打工没有报酬，只嫌玉米饼口味单一！

再说这个自动驾驶的摩托：摩托不像汽车自己能站稳，它需要骑摩托车的人不停地把着龙头平衡，但是要造"无人摩托"，显然没有人坐上面平衡，光是让摩托自己平衡就花了这些研究生一年的时间。最后是一俄罗斯学生用类似滑雪的办法，让摩托走S形，才解决站稳的难题。这部无人驾驶摩托在初赛时跑了1.5英里，这是它的最高纪录，决赛时朗同学太激动加上太疲劳，忘记打开走S形的平衡系统，摩托只跑了3尺远就倒下了，那是朗同学一生最悲催的一天，唯一的安慰是其他的参赛汽车一败涂地，没有一辆跑出10英里远，卡内基梅隆大学的汽车因为跑得太快，后轮过热导致车完全烧毁。

竞赛结果这样，"达帕"居然不觉得是失败，三个月以后宣布第二次大挑战，赏金加一倍到200万美金。这下吸引192个参赛队伍，最后夺冠是斯坦福大学的无人汽车，它应用了"机器学习"人工智能技术打败了卡内基梅隆大学的汽车；比赛中一共有5辆汽车跑完132英里的全程，超过20辆汽车跑过10英里这个里程碑。

一些没有得奖的车也令人刮目相看，比如加州珀落韦迪斯高中（Palos Verdes High School）的无人驾驶汽车可以自己换车道，还能在停车标志前停下，这两个本事让冠军车的设计者索润教授（Sebastian Thrun）惊呆了，要知道索润博士是全世界一流的机器人专家，46岁的斯坦福大学的教授！路易斯安纳有一家保险公司的汽车发烧友设计了无驾汽车，跑完全程的时间仅比大牌冠军车慢了30多分钟，此车用的电脑程序居然是从电脑游戏的编程教科书上山寨过来的！至于朗同学的摩托，虽然在半决赛中被一块木板绊倒没有胜出，但赛后作为工业设计的奇迹（葩）被美国国家博物馆收藏。

对于"达帕"来说，从第一次到第二次竞赛这一年的时间里，美国民间的工程设计天才们解决了美国军方二十年都没有解决的问题，简直功德无量！两次竞赛释放出八仙过海的草根才能，不久以后各大公司的自驾汽车设计部门应运而生，"谷歌X"组建者就是那个用"机器学习"技术夺冠的索润博士，请人吃玉米饼的朗同学也同时加入"谷歌X"，他是负责无驾汽车硬件设施的小领导了。到2011年为止，谷歌的自动驾驶汽车已经累计了14万英里的里程，从高速公路、山路、小街小巷一直到旧金山著名的九曲十八弯的朗巴蒂街都开过，在高速上它时速70英里，跟别的汽车没有区别也不引起别人注意。

谷歌以及其他公司（通用汽车、丰田、苹果、Uber）准备在2020年把此项技术商业化，推向社会，离现在没有几年了。

2005年之后自动驾驶汽车技术在美国起飞，除了开动民间智慧，还有其他科技进步的支持，比如电脑、激光雷达、感应器的进步和廉价化。拿雷达来说，2000年之前雷达造价是2 000万美金一台，巨无霸的个头站在山坡上，这样的雷达无论是成本还是规模，绝对不可能放到汽车的车顶上的。雷达和激光雷达是自动驾驶汽车的"眼睛"，它像顶灯一样装在车顶上，路况和行人都是靠它来识别，雷达技术的成本和大小直接影响到自动驾驶汽车的成败。

从"达帕"挑战五花八门的参赛者，不难看出美国政府、军方、大公司、大学人才和民间的能工巧匠之间的合作与竞争的关系，互相扶植，激发灵感，其中几乎每一个细节都值得回味：自由和平等是竞赛的大环境，也是国民性，可以有大公司大牌教授组队，也可以是名不见经传的高中生、保险公司的"程序猿"参赛；行业权威可以对中学生的杰作赞不绝口，优秀的大脑没有高低贵贱；再比如这些理工男们神叨叨的固执，敢想敢做，天马行空，对导师或者老板的话可听也可不听，硅谷文化不尿权威的嬉皮士精神表露无遗；还有，对待失败的态度也是对挑战的态度，敢于跑在最后，不怕败得很难看（两年的工夫做的摩托车只走了3尺远），不怕出丑（朗同学四处求公司掏钱赞助的姿势不会很好看）。

从2005年开始，"达帕挑战竞赛"每年举办，已经成为全球奖金最高的科技竞赛，每年进行，参赛者来自全球（每个国家可以出队竞赛，但是队员中必须至少有一个美国人）；2013年开始是机器人挑战，2015年"机器人竞赛"团队中11个来自全球，亚洲技术宅们分别组建了日本队、韩国队和中国香港队，最后夺冠的是韩国队的机器人！所以不要说亚洲人只会考试没有创新这根弦，这还不是亚洲队第一次得奖，2013年的第一名就是谷歌日本队。

　　1979年当时任加州州长的里根宣布竞选总统，他的竞选宣言里有一句后来成为名言："美国是世界上唯一生活在未来的民族。"这句话预言了近四十年来美国科技创新的宇宙爆发。《乔布斯传》作者沃尔特·艾萨克森两年前出版过一本科技史研究的书《创新者们》，探讨互联网革命，书中他总结出一个规律：互联网的发轫和发展是五角大楼、达帕、科技天才、嬉皮士、民间科技发烧友、小商人、风投资本家敢想敢做、共同营造的结果，这些人组成滋养互联网的社会生态环境。艾萨克森的这个创新规律又一次印证在自动驾驶汽车从无到有的二十年，因为有了网络革命作铺垫，无驾汽车技术的突破和开发时间更短，更迅速，井喷式的成功。

2016年1月12日

　　后记：文中的"朗同学"除了在谷歌工作以外，同时自己开公司，2016年跳槽到Uber（优步），把谷歌的无人驾驶技术带到Uber，谷歌和Uber两个公司都各自支付了几亿的钱收购他名下的公司。2017年谷歌忍无可忍以"窃取公司知识产权"的罪名把这个前雇员告到法庭，把两大无人驾驶汽车技术巨头间的竞争矛盾白热化。文见2017年5月24日《华尔街日报》的文章《谷歌和优步：一个工程师引发的战争》（*Google vs. Uber: How One Engineer Sparked a War*）。

为什么美国人都能拽两句莎士比亚

    美国初高中的划分，高中是九至十二年级，初中有的地区是从六年级开始算，六至八年级，有的私立中学仅把七至八年级归入初中。从七年级开始，学校英文课的内容开始引入英语文学的经典作品，用英文老师的话说是"玩真的了"，书单包括：海明威的《飓风以后》、哈珀·李的《杀死一只知更鸟》、戈尔丁的《蝇王》，以及戏剧作品《伽马射线下的雏菊》等，光读《小屁孩日记》这种畅销书是过不了关的。

    九年级英文课书目更吓人，暑假作业开始读赛林格的《麦田里的守望者》，正式上课书单包括海明威的《老人与海》、亨利·詹姆斯的哥特恐怖小说《螺丝转动》、菲茨杰拉德的《了不起的盖茨比》，戏剧作品还要读《哈姆雷特》《俄狄浦斯王》……这样一路读下去，高中年级毕业那年，读完全本麦尔维尔的《白鲸》，你的英语就过关了。

    不要小看这个英文书单，如果把这个书单上的经典作品读完，即便是从差学区公立高中毕业的孩子，都可以拽两句莎士比亚金句，这个孩子以后无论干什么行业，职业登山运动员也好，股市操盘手也好，他们的英文水平基本就是这个书单打下的基础。有一次公共广播电台采访《致命毒枭》的编剧，他谈到高中英文课唯一的收获，是读了一年的《白鲸》，他毕业于纽约布朗士区一家普通公立高中，像纽约大部分公立学校，他的母校师资不够，十二年级英文课唯一的老师只教《白鲸》。

《白鲸》是初版于1851年的小说，据称是"最伟大的美国文学"，象征美国精神。讲一个疯疯癫癫一根筋的船长，在海上满世界追逐一条白色的鲸鱼，要杀了它报仇。这个故事到底有什么教育寓意，中国家长喜欢问对孩子成长"有什么用"，似乎没有什么用，最多教男孩子"不尿"。"不尿"的代价很悲催，故事中船长艾赫伯最后跟白鲸斗红了眼，完全疯掉，他孤注一掷，要同白鲸同归于尽，最后白鲸撞翻船，全船人员葬身海底，唯一的幸存者靠着抓住船长给自己打造的木头棺材侥幸逃脱。对高中那些浑不吝的小子们，《白鲸》像十全大补汤那样被囫囵灌输进去。

读《白鲸》时孩子即将成年，这部书很少引起家长的抱怨（反正也看不懂，想抱怨也无从下口；还有就是美国家长对看不懂的经典文学作品，普遍有敬畏心，乱问"有什么用"会遭人耻笑，所以干脆不问）。让家长心里犯嘀咕的，是从七年级开始引进的那些英文经典，论主题基本都不能算三观很正。比如《杀死一只知更鸟》的主题是一起发生在南方白人社区的奸杀案，此书在出版后的几十年经常被学校下架，从初中英文教科书中踢出去。踢出去后会被有识之士批评，学校又灰溜溜地把书重新引进教材，如此反反复复。《麦田里的守望者》里有男主人公召妓的情节，也是叫家长敢怒不敢言的书，我的一位大学学姐专门私信问我"怎么办"，"给不给孩子读"，最后因为是学校布置的暑假作业，还是决定让孩子读，不读交不了差。《了不起的盖茨比》有酗酒、偷情的情节，男主盖茨比的钱来路不正，基本是靠黑道上洗钱发财的。连海明威那些晦涩阴郁的短篇小说，比如《在印第安营地》，细究起来都是血腥暴力：故事中的产妇难产，惨叫三天才把孩子生出来，等孩子落地，睡在上铺的丈夫，也就是新晋成为父亲的那个男人，因为不能忍受女人的连日惨叫，已经用剃刀自杀了，"几乎把自己的头都切下来"。这个故事是七年级英文课的第一篇，这篇小说用的是男孩儿视点，主人公的年龄应该跟七年级男生接近，这个惨烈的故事以男主人公的独白结束："我永远不会死。"这算不算是美国的成人教育？跟《三国演义》《水浒传》里的残酷杀戮比，《在印第安营地》是更现实的心理创伤。

这些英语文学史上的经典作品，曾被批评欧洲中心论的文化研究者概括为"死的，白的，男的"文学，现在美国中学课程也与时俱进，引进"活的，非白的，非男性独占"的当代文学作品，对于心灵脆弱的家长，这些新晋作品几乎都不是"善茬"，带来更多的不安。比如前面提到的《伽马射线下的雏菊》，讲单亲家庭中破碎的母女关系。另外一部获得普利策奖的战争回忆录小说，《随身携带之物》（*The Things They Carried*），讲越战中美国步兵的经历，在漫长无聊的行军中突然遭遇死亡，字里行间流露出反战情绪，对美国六七十年代的外交政策几乎没有一句好话，作者自己是越战退伍军人，他说老实巴交的美国老百姓连"河内"这个地名都不会发音，就把自己的骨肉送到那里打仗。这个沉重的讽刺，随着连篇累牍地将步兵随身携带的武器的罗列（手枪和冲锋枪的口径、速度、子弹配备、地雷和手雷的不同当量），都一齐端到美国七年级的半大孩子面前，对比之下，中国同龄人这时还在中学语文课上读《荷塘月色》《出师表》。

美国中学教英文经典的办法，不是让学生浮光掠影地泛泛读，而是细读，写读书报告、人物评传，重口味的细节是绕不过去的，美国家长难免抱怨，抱怨的结果就是换作品读，但是大凡严肃的优秀文学作品，毫无例外地直面社会和人生的苦难，换任何作品都逃脱不了。

前几年本地举办读书节，请了《纽约时报》畅销书《玻璃城堡》（*The Glass Castle*）的作者来跟粉丝见面，《玻璃城堡》因为书的后半部分——父亲重度酗酒，父女进酒吧靠色行骗——在本地高中成为禁书，被高中图书馆下架，可以想象嘉宾到来之后发现自己的书在中学被禁，有多尴尬，作者离开以后《玻璃城堡》被再次上架。

这里提到的下架和禁书，是指教科书的范围内被禁，从学校图书馆下架，如果孩子对被禁的书感兴趣，还是可以从公共图书馆借到阅读。从这个意义说，美国书无可禁，想读的书怎么都可以搞到手。

《玻璃城堡》被学校下架，原因很复杂，《玻璃城堡》是非虚构回忆录，作者的父母属于美国的赤贫阶层，此书记录了她家几十年的生活。像她和她的家庭这种生活在贫困线下的白人群体，在国内叫吃"低保"，在美国有一个更侮辱性的称呼，"白色垃圾"。美国纽约这一代的富裕社区有一种心照不宣的对"白色垃圾"群体的回避和耻辱感，与这个地区一贯标榜的开明自由的精神矛盾，这种对底层生活避而不谈的心理，被社会心理学家类比为20世纪50年代女权运动前美国白人对堕胎和性的回避，这类话题都是不洁的，体面人在社交场合应该回避的。时过境迁，现在美国电视新闻上可以公开谈论堕胎和婚外情，但贫困却是时代隐性的新禁忌。

《玻璃城堡》很堵心很尖锐，之前抱怨《杀死一只知更鸟》和《了不起的盖茨比》有伤风化的家长，估计读到《玻璃城堡》就不会再抱怨，这教材改的！改的结果，用《茶馆》里唐铁嘴的话，"不抽大烟改抽白面"了，越改越悲催，最后《玻璃城堡》还是回到高中指定读物上，没有再下架，这是一个不完美的世界，与其跟书较劲，不如顺其自然，面对它。

我偶尔看到朋友送来的国内高中国际班的英文试题，高二期终考试的试卷，基本是三十年前我在南京高中毕业时的英语考试题型，"动词填空"、"语法改错"、"选择正确的动词词组组合完成句子"，这种教法，对英文是多大的误会啊！国内的英文教育，使英文支离破碎地存在于动词、名词、副词、助词、动宾从句这些文法格式当中的，英文经典被称作阅读材料，节选几段成为阅读理解题。这种英文教育是多么荒诞无用啊。

真正的英文存在于一本本千万人传看的书中，带着它不可理喻的力量汹涌而来；什么是美国精神，美国精神就是13岁的孩子被推向没有节选没有被清洁过的原生世界，让你自由地阅读和书写，被吓到，被感动，不理解可以，但必须读过，知道，这是美国中学英文课给孩子的成人仪式，在阅读中长大成人，成为一个自由的人。

2016年6月14日

在家教育，是美国 170 万人的选择

　　第一次接触在家教出来的孩子，是陪七年级的儿子代表学校参加本州地区中学生辩论会，在决赛时遇到一个对手很面熟，原来是小学时镇里足球队的队友，在辩论赛上这个男孩所代表的学校既不是本镇中学也不是附近的私立学校，他以"康州家庭教育联会"成员的身份参赛，决赛中我们孩子代表的学校队还输给这个小家伙代表的"家庭教育联会"辩论队了。

　　组成这个"家庭教育联会"（Home Schooling Association）的学生，不是来自哪一个学校，而是美国教育中的一支"野战军"，"家庭教育"（home schooling，又译成"在家教育"），就是在家上课，由家长或者家长请的私人教师给自己的孩子上课。

　　"家教"这种教育形式在美国一直存在，虽然属于中小学生中的"极少数"，但升学和成绩单认证，都有渠道可以获得国家承认。美国国家有线电视（CNN）2015年5月19日的报道：那年美国联邦教育部统计数字出炉，从2003年到2012年这十年间，美国从5岁到17岁的5 000万普教学生中，有3.4%学生接受"在家教育"，人数是177.3万，这个家教人数比十年前同比增长了

61.8%！如此惊人的增长让这条新闻上了头条，这是170多万人的家教野战军，无论是国家还是市场都不可能忽视。

放弃公立或者私立学校教育，选择"家教"背后的多种多样。过去许多家长因为宗教原因选择家教，因为不能忍受学校课程的世俗化教育；现在选择家教有更多实际考虑，比如我们在辩论赛上遇到的这个孩子，因为他的音乐天赋。他是百老汇的童星之一，常年参加纽约百老汇音乐剧演出，跟着一个剧团活动，为排一个戏成年累月地缺课，这在小学阶段还混得过去，到了中学校方无论如何不答应了。上公立学校，就得出勤率达到170天，学校才有资格按照学生人数申请州政府发的教育基金，所以中学开始学校对出勤率抓得非常紧，若达不到最低出勤率，学生就无法留在公立学校做学生。私立学校也存在类似问题，"家教"时间灵活在这里派上用场。

演艺和体育童星在美国家教大军中毕竟还是少数，占主流的是普通人家，比如我们的钢琴老师家就是典型的例子。茱莉亚音乐学院毕业的她既看不上公立小学的粗放式教育，经济条件也不允许把三个孩子都送私立学校，所以她决定至少在小学阶段实施"家教"。她对各类教育资源的熟悉，包括各镇图书馆、各地公校教育强项、各种数据了如指掌，在"家教"人群中，这种虎妈虎爸绝对占大多数。

另外一类"家教"，非孩子或者父母所愿，属于迫不得已，因为父母酗酒或者其他精神痼疾，或者婚姻破裂，家中衰落，不停地搬家，甚至近于颠沛流离，"在家教育"是表，孩子失学是真。前两年畅销回忆录《玻璃城堡》作者的童年，就经常处于这种因为搬迁而失学在家的状态，有一搭没一搭地上学，父母不靠谱也指望不上，唯一可以信赖的免费教育资源来自于一个对所有人开放的当地图书馆，一个低端免费图书馆是所有苦孩子的救星。

这位百老汇童星在辩论赛胜出，可见他的"在家教育"并没有耽误他在别的才智方面的发展。他背后那个强大的民间组织"家教联合会"，像"工会"一样把原本处于原子状态、四散在各处家庭的学龄孩子组织起来，跟普通学校的学生一样参加比赛，保持跟外界的信息同步和互动。

除了为家教学生背书让他们参加校际学科和体育竞赛、社团活动，"家教联会"还有一个更重要的作用是督促家教学生每年参加州政府的标准化考试，这样家教学生的成绩可以得到教育系统的认可，不会因为是"野路子"而在"升学"和"文凭"这种硬性指标上拿不出成绩单来。参加标准化考试的另一个好处在于可以检测"家教"质量，比如纽约州有规定，如果家教学生在"阅读"和"数学思维"方面的标准化考试中达不到全国平均成绩的最低线，那就必须停止家教，回到公立学校来上学。这种教学质量监测，是一种纠错机制，及时纠正家长低水平的家教，避免错误重复，耽误孩子的基础教育。"家教联会"虽然是民间组织，它凸显的却是国家教育系统对"教育野战军"的管理和承认。

最近一则新闻把国内的一例"在家教育"推到中国家长面

前，四川泸州的李铁军坚持十一年在家给女儿上课，他一个人独挑所有学科教学任务，还包括音乐美术，要把女儿培养成生物学方面的专家，如今女儿已经22岁，并未达到目标，女儿坦率承认她做初中试卷都不能及格，李铁军的固执成为全中国家长的笑话和教训，他单枪匹马对女儿的教育尝试，换到美国不过是170万选择家教的家庭在做的事，换到中国就成了奇葩，他被视为怪物，连人格都被质疑。

李家父女和美国170万名家教学生的差别，是民间组织，是社区支持，更是国家教育体制是否支持和容纳"在家教育"人群的差别。孩子们有权跟他们的家长一起选择走哪一条路来完成教育，但是社会也有责任跟踪监督，需要年度考察，孩子需要每年完成基本达标，不能达标者，社区的教育部门应该出面干预，而不是等孩子长大到了22岁再被全社会像怪物一样挖掘出来当笑话。李家女儿这一事无成的二十二年，凸显的就是没有任何纠错机制及时干预。

我读着觉得非常辛酸，初中试卷不及格又有什么大不了的？最宝贵的青春岁月虚度了，这才令人痛心。他们父女这十一年的尝试，可以看到中国普通人在没有路的情况下怎么走的，走得跌跌撞撞，撞得头破血流，没有任何国家和民间组织的支持和指导。虽然许多中国家长对应试教育反感的出发点跟他们完全相同，但是每个人之间却是孤立的原子，媒体除了笑话李铁军固执己见，一事无成，没有任何建设性的思考建议。

同样是体制外的教育尝试，这对父女的离经叛道跟更普遍的少儿"国学班""读经班""女德班",甚至寄宿制"国学班"比起来,哪一个更匪夷所思?遍地的国学班从未因其教授未加选择的"传统文化"而受到嘲笑,相反却以国粹的名义被追捧,封建糟粕如《孝经》都不加区分地拿出来让六七岁的孩子捧读背诵,毒害污染孩子的赤子之心,做父母的却听之任之:"只要从来如此,便是宝贝。即使无名肿毒,倘若生在中国人身上,也便'红肿之处,艳若桃花;溃烂之时,美如乳酪',妙不可言。"《孝经》背完,下一步学习什么?君君臣臣,三拜九叩,裹小脚?一方面有人单枪匹马想突破应试教育的重围而碰壁,另一方面熙熙攘攘的众家长让孩子不加理解地背《弟子规》《三字经》,把宝贵的童年让给所谓的"国学",请问谁更荒唐?谁更失败?

英语里有一句谚语:"需要一整个村庄的人来培养一个孩子(It takes a village to raise a child)。"一个孩子的成长中的挫折,是整个村庄为父母者之责,因为孩子的前途并不仅属于一家一姓,他们是一个社会最大的财富,梁启超怎么说的:"少年强则国强,少年智则国智,少年富则国富,少年独立则国独立,少年自由则国自由,少年进步则国进步。"

2016年9月2日

美国的"老娘舅"鼻祖

我是在一个教育群里，看到一帮自学成才的教育专家兼全职母亲们，在痛心疾首地探讨"老娘舅"节目中那个生了三个孩子的年轻女生，深入探讨她的祖母和母亲的失败，家庭的失败。我心想你们还真跑题了。这不是教育探讨节目，这是一档做得极火爆的电视真人秀。那个污极滥极的祖孙三代女人的故事，说不定是为电视节目的收视率量身定制的。

最早看"老娘舅"这种"揭露"真人家庭不要脸的节目，是在1993年，我刚刚到美国不久。"斯普林秀"（Jerry Springer Show），哇，看看这黑暗的资本主义社会腐朽肮脏的老百姓的家庭啊，用《红楼梦》里醉酒的焦大的话："我要往祠堂里哭太爷去。那里承望到如今生下这些畜生来！每日家里偷狗戏鸡，爬灰的爬灰，养小叔子的养小叔子，我什么不知道？咱们'胳膊折了往袖子里藏'！""斯普林秀"不是往袖子里藏，而是把这些烂人请到秀台上来，让他们各抒己见，然后煽风点火，火上浇油，让他们撕！撕！现在国内的"老娘舅"就是这个路子，虽然它管自己叫家庭调解类节目。

从头说起。1991年秋，曾经当过辛辛那提市市长的记者杰瑞·斯普林哥，搞了一个电视话题节目，邀请嘉宾列席，谈当时美国的社会问题。这个节目很快从初播时的默默无闻，到突然间名声大振，是因为主持人斯普林哥偶然请了一对普通人陪聊，结果最出色的恰恰是这对微胖的、相貌平平的普通人，他们在节目上大放厥词，完全跑题，互相揭短，最后大打出手。那次节目上了晚间新闻。斯普林哥从此知道芝麻开门，打开收视率的秘密咒语是什么了。他不再邀请名人嘉宾，只请普通人列席。谈的也不是犯罪率啊，黑人贫困啊这种跟《纽约时报》时评版竞争的重大话题，他专走"三俗"路线，让列席嘉宾当着电视观众的面，互揭隐私，中国电视话题秀里的"撕"要到二十年后才浮现呢。斯普林哥的撕×秀，已经无师自通地火爆了近三十年！至今存在。斯普林哥是上海"老娘舅"节目的骨灰级原版。

　　斯普林哥节目的内容，不外乎是妈妈抢了女儿的男朋友，小姨子跟姐夫"有一腿"；可撕的还有家庭矛盾，子女间财产分配不均，父母偏心谁了；弟弟偷了哥哥的钱，妹妹盗用姐姐的信用卡还刷爆了……各种奇葩父母对子女的忽视、虐待；那时还没有"小三"这个词，只有"情妇"这个颇妖艳老派的词。斯普林哥的节目专门有一个栏目，叫"秘密情妇，当面对质"（Secret Mistresses Confronted），夫妻吵架到高潮，让情妇现身，三人当场对打。为了增添节目的火爆，斯普林哥还假惺惺地在节目的尾声，给每个嘉宾递上一杯水，让大家喝口水消消火，结果这杯水当然被怒气冲冲的嘉宾当武器，泼到仇恨的人的脸上。被当作武器抢过去的，还有台上的椅子，把椅子砸过去还不过瘾，冲上去，扭作一团，扯头发揪耳朵，打得你死我活。

斯普林哥的秀在火爆蹿红后同时也引来骂声一片，跟现在各种教育心理专家分析"老娘舅"节目一样。各种道德派、精英派、基督教团体在舆论上口诛笔伐，认为斯普林哥的秀极其三俗，不代表美国阳光家庭。尤其是对下一代，不明真相的青少年，"造成严重的不良后果"，要求家长抵制这种"三俗"节目。美国的道德家们除了媒体发声，没有"强制关停"等干预手段。于是有人就开始动法律的脑筋，认为在观众前，嘉宾公开互相扇耳光、扯头发等掐架斗殴，砸椅子、推倒家具等"暴力"，属于"真打"，"真打"这种群殴行为已经构成"公共场合寻衅滋事罪"。但是斯普林哥坚持说不是真打，是嘉宾们发发脾气，人来疯而已。他没有被告倒，也没有被强迫关停，也没有做任何自我清理改变三俗风格，他还是走在老路上。另一方面，斯普林哥秀里手撕的"三角恋""多角恋"等奇葩关系，倒是经常被爆料是假的，是为了满足节目的火爆而生编乱造出来的虚构"污"。这种爆假倒是对斯普林哥打击很大。因为他标榜的就是真人秀，真人污，这是卖点。

斯普林哥因为带观众消遣普通人生的污，挣得盆满钵满，2001-2007年光是跟国家广播公司（NBC）的签约播出的钱，就是600万美元。他的成功绝对可以模仿。效法者众，光是他的原班人马中就分出两人，独立开自己的秀。近年来网剧、网络段子流行以后对电视冲击最大，连带着殃及各种真人秀，斯普林秀没有那么火了，但一直还在秀在播。数码流量直播技术的普及，在网上诞生了千万个斯普林秀。

斯普林哥的观众群，跟他的列席嘉宾一样，属于草根蓝领，工薪阶层。对普通人的重口味家丑的围观兴趣，却不止于草根阶层，远远跨越经济阶层和年龄段，可以说是普遍的猎奇心理。而且越污越热闹，越吸引眼球，快乐的人生没有故事。"污"和"围观污"，成为一种娱乐消费，斯普林哥是开发这个市场的先锋。

真人秀要污，电视剧也要污。全面继承斯普林烂污秀传统的美剧英剧，拿生活中的污和混乱开涮，已经开始跟"玄幻""复古""警匪""医院"几大类别剧齐头并进，成为一个新的电视剧剧种，对比中国国内电视剧市场的宫斗、玄幻、家庭、抗战几大类，"污剧"还真是西方特色。最新的污剧，《伦敦生活》（*The Fleabag*），出自一个三十出头的明星，她一人自编自导自演，2016年红透半边天。成功污了七年的美剧《无耻家庭》（*Shameless*）可以算上乘之作。"无耻"是文雅说法，这个剧的一家七口其中六个基本就是不要脸，唯一一个三观正的家庭成员，尚在襁褓中，还不会走路，尚未具备犯浑的能力。

采访也要污，近十年涌现的一大波网上走红的采访节目，挖空心思走三俗路线。"不搞笑即死"（Funny or Die，瞧瞧这名字！）是一个著名的滑稽网站，它有一个火爆的5分钟名人采访节目，"两盆蕨叶之间"——两盆蕨叶指嘉宾采访时的场地布置，一左一右摆设的两盆绿色植物，它每次播出，在"油管"

（YouTube）上都有超过300万点击率。"两盆蕨叶"由一个表情猥琐的死胖子（美国的当红笑星）主持，问一些着三不着两、哪壶不开提哪壶的问题，有点像"康熙来了"，但是更出格，更三俗，无底线作践名人。奥巴马总统为了在美国年轻人中推广他的"全民医保"政策，曾上台"两盆蕨叶之间"接受采访。

"两盆蕨叶"的提问三俗到什么地步？举几个例子，比如问大明星布拉德·皮特：你长得就是希特勒的优秀人类模型啊，我能不能借你的种，弄些你的精子呢？（传说希特勒推行"优化人类"的设想，以金发碧眼的雅利安人为最高人类颜值，皮帅哥被毒舌称为这一理想的肉身模版。）问女神波特曼：你出演电影《V字仇杀队》时剃光头发，请问会不会为电影《V字女人"那话儿"》剃光下面的毛毛？（女人"那话儿"的英文词也是V字母开头。）就是诸如此类的作死问题，但是奥巴马总统为了宣传新政，放下身架上台面对死胖子。

死胖子：离任以后，你打篮球没有人让你得分了，你郁闷吗？

奥巴马：你长得又矮又肥，三寸丁横着，你郁闷吗？

死胖子：三寸丁竖着。

死胖子：作为美国最后一位黑人总统，你怎么看？

奥巴马：今天是你生命的最后一天了，你造吗？

（"最后一位黑人总统"，是讽刺奥巴马治国不力，以后美国人民再也不会选黑人做总统了，所以奥巴马威胁要抽死胖子。)

死胖子：你为什么反对男孩打橄榄球？万一米歇尔给你生个儿子，他就想打橄榄球，你咋办？你不担心这儿子长大以后跟你一样宅吗？

奥巴马：你自己去问米歇尔我到底宅不宅？

死胖子：那我能采访米歇尔吗？

奥巴马：不行！我才不会让你这种猥琐男靠近她呢。

奥巴马在"两盆蕨叶"节目中露面，快嘴对毒舌的视频，播出后在"油管"上有1300万的点击率，完全达到新政宣传目的。

回到国内的电视节目。"老娘舅"节目以家庭调解为大旗，消费普通人生活中的愚蠢、污。戴着"真实发生"这个面具，让观众在观看时完全消弭舞台和观众间的"第四堵墙"，可以全情投入，一个多小时内扮演上帝审判人间。这是跟斯普林哥秀一样一样的路子。中国特色的是，最近这期"老娘舅"祖孙三代女人家庭的"污"，居然吸引一批正牌教育专家和心理学家来做正儿八经分析，娱乐不止，还要"寓教于乐"，调解人捶胸顿足，电视机前的专家们风起云涌，群情激愤，乐此不疲，"老娘舅"的制作人真要乐晕在后台了。

"老娘舅"中的祖孙女三代人，多少是真的，多少是为节目而虚构的，国内观众还没有质疑也没有司法介入调查。现在大家忙着一片哗然，口水，道德思考，教育，原生家庭论……我看青山多妩娇，青山看我应如是，以他人的家丑这杯酒，浇观众各自心中的块垒，这是娱乐的最高价值吧。看完了，关上电视，觉得自己岁月静好，人生有序。这才是有利于社会稳定的好节目呢。何必关停"老娘舅"呢。

2016年10月25日

一场关系国土安全的印第安水源保卫战

　　2016年的年度新闻照片中，有一张照片估计在国内普通读者中无人能懂——斯坦丁罗克的"护水者"，"护水者"反对在水库下铺设石油管道，要求管道改道。照片中是一个身披简陋塑料雨衣的人，在密密麻麻的铁丝网前静坐，铁丝网后面站着全副武装的装甲车和警察，时间是深夜，装甲车上探照灯雪亮地照在这个人身上，可以看到他／她雨衣上已经滴水成冰。这张照片在11月初震动美国媒体，"油管"（YouTube）上的视频，是那张新闻照片同时拍摄的实时录像，抗议直播从脸书上传出来。视频上可以清楚看到高压水枪、辣椒水、橡皮子弹，还有警犬都用上来对付那些穿塑胶雨衣的人群。同时播出的视频还有当地警察局长召开新闻发布会，他说"没有什么啊，高压水枪只是打出一点水雾而已，给这些侵犯私人领地的人一个警告"。

　　视频播出后事件迅速升级。不日美国四星上将、前北约最高总司令威斯理·克拉克的儿子，同是退伍军人小威斯理·克拉克，宣布带领65个退伍军人从洛杉矶出发，开车前往照片中的那个叫作斯坦丁罗克（Standing Rock，又译作"立石"）的地方支援。加入的退伍军人数量爆发式增加，12月3日退伍军人人数已经达到3000多人，火速成为斯坦丁罗克水源保卫战的主力，12月4日承建项目的"陆军工程兵团"宣布石油管道改道，不再通过水库底部。一个退伍军人马修从佛罗里达出发，驱车1990英里奔赴斯坦丁罗克，记者采访他，他说："不受污染的水资源是国土安全级别的事件。我们军人就是做这个的，宣誓保护这个国家一切，抵御一切敌人，无论敌人来自于外部还是内部"，"现在商业公司动用国家警力来打压当地居民，退伍军人一定要出手，我愿意为这些人去死，我们是护水者手中的利器"。〔采访见《纽约客》杂志12月22日的文章《圣怒：斯坦丁罗克给美国的教训》（*Holy Rage: Lessons from Standing Rock*）〕

斯坦丁罗克的水源保护战，发生在美国北达科他州的一个印第安人部落保留地，他们自发组织起来反对"北达科他州石油管道铺建"（Dakota Access Pipeline，简称DAPL，如果你感兴趣上网查可以查到海量的抗议信息，关于北美原住民对自然资源的保护活动。北美的印第安人并没有像外人想象的那样被赶尽杀绝，他们一直存在，现在还知道怎么运用社交媒体加入全球环保的队伍）。这些自发组织起来抗议的人，称自己为"护水者"。护水者们有男有女，现在已经来自世界各地，云集斯坦丁罗克这个地方，目标就是反对石油管道从水库下经过，护水者的基本抗议办法是就地扎帐篷占领，跟工程兵的推土机肉搏，宁死不让推土机前行开工。护水者一旦扎了帐篷住下就不再动，不让原油管道铺设推进一步。

时间倒回到几年前，德克萨斯州达拉斯的一家石油公司（Energy Transfer Partners），宣布举资37亿美元，营建一个全长1 172英里的石油管道项目。这条运油管道的一部分，横跨北达科他州的密苏里河，穿过人工湖"奥赫"（Lake Oahe）的湖底。奥赫湖其实是一个水库，也是当地印第安人的主要饮用水来源。石油管道在湖底90–115英尺深的地方穿过。印第安人的保留地，就在石油管道的半英里外。这个浩大的石油管道铺建项目，按照惯例，委托美国"陆军工程兵团"实地建设。陆军工程兵团（Army Corps of Engineers）是美国政府承建水坝、运河工程，一个直属国防部的"国企"，属下有36 000名员工、工程师。美国大部分的水坝、人工河道、泄洪设施基本就是这个工程兵团动手施工的。这家美国国企除了在美国造水坝以外，也去世界各地招标承建（祸害）各种改天换地大工程。从斯坦丁罗克，我也是第一次知道这家工程兵国企居然也铺石油管道。

　　2017年4月开始，这个保留地的印第安人开始和平抗议，他们要保护奥赫湖的水源，不允许石油公司修筑运油管道从湖底通过。问题是奥赫湖水库虽然离印第安营地只有半英里，一箭之遥，在地标上并不在印第安人保留地内，理论上说水库不属于保留地，是北达科他州政府的土地财产。这就是为什么当地警察局长说"护水者"在侵犯私人领地；同理，承建公司是陆军工程兵团，在体制上属于美国联邦军队，护水者死磕不让建管道等于对抗国家，是以北达科他州的警察可以调动六个乡的警力前来支援工程兵施工，不仅调动警力，还动用州的资金购买了那种叫"海鳐手机基站模拟器"（Stingraycell-sitesimulator）的机器用来控制抗议人群的通信联络。购买"基站模拟器"来控制抗议人群估计是让退伍军人出手的最后一根稻草，这个高科技装置触及美国普通人的良知底线，因为"护水者"对抗的办法完全是以卵击石，连冷兵器都没有，按照当地印第安人的传统，是静坐、祷告、诵经、在零下十几度的寒冷中。

护水者这么铁了心地死磕，不是没有道理。石油管道所走的路线，除了对水源的可能污染，在斯坦丁罗克这里，管道经过当地印第安部落15 000年的祖先圣地和墓葬地。为了让石油管道改道上达天听，印第安部落首领一直冲到日内瓦联合国总部去呼吁，但是没有用，改道费用高昂，石油公司一再拒绝，他们坚持管道的安全性和稳定性：管道双壁构造，在湖底90-115英尺处深埋，在湖底的两边出口都设有遥控自动阀，紧急情况下可以控制管道的开关。石油公司的这种技术宣传，斯坦丁罗克的保留地印第安人并不相信。

管道泄漏原油事件，在北达科他州并不是百年一遇，是几年一遇。比如2013年9月的石油公司特索罗（Tesoro Corp.）就有一次泄漏，量达84万加仑的原油泄漏在麦田里，三年后的2016年，特索罗连这个84万加仑的三分之一都没清理干净（见合众社新闻《2013年北达科他石油泄漏至今没有清理》）。在北达科他这种千里无人烟的地方，石油管道的泄漏事故可以经月无人知，比如2013年那次在泰奥加（Tioga），发现泄漏的是一个叫史提夫·简肯斯的农民，他看到自家麦子地里的联合收割机的轮胎沾了原油，才发现地下原油已经流成小溪——什么高科技监测啊！"泄漏"靠农民眼睛看见，若看不到就不知道。泄漏事故发生后，特索罗公司危机公关的唯一说辞，是泄漏发生地离最近的居民住家半英里远，没有污染水源，没有伤害到野生动物。2013年特索罗的油管泄漏是历史上最大的陆地原油泄漏事故之一。这么高的风险度，北达科他州府还是一而再、再而三地同意输油管道建设，原因很简单，GDP啊，北达科他是美国有名的穷州、荒州。

对水源的保护，用《纽约客》采访的那个退伍军人的说法，已经不仅仅是环保，是涉及国土安全级别的事，用中国的话就是民生国计，并不因为北达科他的穷与荒，印第安保留地在媒体视野之外而不重要，水是我们大家的，所有人活命的资源，包括子子孙孙。

2017年1月特朗普入主白宫，"护水者"面临更大的挑战。按照北达科他州能源署的说法，改道的决定百分百是会变回去，因为新总统在竞选时就一再强调他会助能源业一臂之力，"奥巴马政府太软了"。"护水者"的胜利只是暂时的。

环保在哪里都是一场持久战。

话说纽约城还有一次保水运动。那是几年前原油单价还在60美元一桶的时候，纽约上州多山的穷乡僻壤，也琢磨着搞横向水压钻井，这样很多有地的农民可以向石油公司卖地或者出租土地的钻井权。当时在纽约城里掀起保水运动的，恰恰并不是穷人或者印第安部落，而是在纽约城里用自来水的住户。纽约城的自来水主要来自于纽约上州多山地区。搞水压钻井，往地下水里注入巨多的化学物质，最受影响的是下水区的自来水用户。当时很多纽约的名人都走向街头，发传单抵制，搞环保听证会。那是2010年或2011年，我亲眼看过的一次听证会，就有大明星马特·达蒙参加。说实话，我心里还有那么一点点看热闹的快感。随着油价下跌，纽约上州的水压钻井的商机就不存在了，纽约城里保水运动也就过去了。水、空气这些共享资源，在不出问题的时候你根本意识不到它们的存在，一旦出问题的时候，波及面超越阶层，袭击整个社会，我的那些微妙的快感真是少不更事啊。

2016年12月29日

寂静的春天，寂静的社会

2000年在密歇根州，我怀孕后第一次去妇产科诊所，护士立刻送我一大包资料，"孕期信息大全"，其中有一本宣传册，20多页，告诉孕妇不要吃，或不要多吃州内河流的鱼，密歇根州内河流，五大湖，哪些是严重污染，哪些是中度轻度污染，轻度污染的鱼一周内可以吃多少次，都写得明明白白。

我刚刚去密州州政府的网页查找，这个宣传册还在，每年有更新，已经有电子版，2016年的手机电子版有86页长，详细说明河鱼的出处安全性、烹饪除毒方案——比如它说："大部分化工与重金属污染，集中在鱼的脂肪里，如果食用河鱼尽量要先把鱼脂去除。"我当时不当回事，心想至于嘛，吃条钓来的鱼都要问明出处，立刻反问诊所护士："真有人照着这本河流污染小册子钓鱼做菜？"她朝我瞪眼："不是说一字一句照本宣科，现在你知道河流污染，吃鱼的时候就会小心了。"用现在的话，就是你先要有环保意识，才有行动。

那是我到美国第七年，第一次知道美国河流的污染，以及污染在自然界中的累积效应，那时距离卡逊《寂静的春天》一书

1962年出版，美国社会的环保意识初建，已经过去半个多世纪。

蕾切尔·卡逊撰写的《寂静的春天》，记录了大规模喷洒合成杀虫剂DDT（也就是我国说的"滴滴涕"）对美国环境，尤其是对鸟类的危害（此书的名字由此而来——鸟类大量死亡，春天一片寂静）。这本书还有另外一个重要的内容，很少被读者提起：《寂静的春天》花了大量篇幅，追踪曝光美国化工业对"滴滴涕"危害的掩盖洗白，甚至直接否认它造成鸟类死亡。此书出版后遭到化工业巨头的激烈反对，化工业赞助的研究所、科学家、教授纷纷出来洗地，化工业甚至赞助拍摄了一部纪录片《审判火蚁》，对《寂静的春天》挖苦嘲讽。虽然化工公司不是国企，但美国联邦政府站在化工业这边，对"滴滴涕"无害申明不加质疑，无条件接受。这种不加质疑的态度，用现在的话是政府"监管不力"，在当时有它独特的内在原因。1956年美国农业部决定广泛喷洒"滴滴涕"，到1962年《寂静的春天》出版，以及出版后化工巨头对卡逊的骚扰、否定，民间环保运动的支持，这段美国历史值得中国读者回顾，历史是惊人的相似。

"滴滴涕"最早发明于二战后期，是美国联邦军事研究成果之一，二战结束"军转民"的许多技术专利中，化工产品是重要一项。1956年开始美国农业部为了消灭森林害虫，决定对纽约、康州、新泽西在内的十个州共300万英亩的森林田地飞机喷洒"滴滴涕"，生产"滴滴涕"的化工公司打包票说它安全可靠，对人畜鸟类无害。但是农业部广撒灭虫剂的计划，很快遭到民间抵制，纽约长岛的私人农场主、农民和郊区居民联合状告纽约州农业部，要求停止喷洒"滴滴涕"，这个告状的举动，被美国其他州密切关注，并且效仿。结果1957年长岛败诉，败诉后长岛一直上诉到最高法院，最高法院接受长岛的上诉。1960年高院裁决，同意长岛居民的诉求，要求农业部停止喷洒"滴滴涕"。1960年高院做出裁决时，农业部的300万英亩田地喷洒计划已经圆满完成任务，但高院这个有利于长岛的裁决，却是改变美国公众对"滴滴涕"盲信的第一步。1958年首都华盛顿的"奥度邦（Audubon）爱鸟协会"积极加入反对"滴滴涕"的大军，他们委托当时的海洋生物学家兼作者蕾切尔·卡逊写一部深度调查作品。

四年后1962年，《寂静的春天》成书，引起轩然大波。在正式发行前，1962年6月《纽约客》开始系列连载，同时样书送交各大学，还给当时最高法院大法官威廉·道格拉斯送了一本，因为这位大法官也是环保义士。在9月《寂静的春天》正式发售前，美国化工业已经看到样书，他们如临大敌：美国化工业巨头杜邦在看到书的第一时间，对该书对媒体的舆情影响做了全面预测，"滴滴涕"最大的生产商西科尔（Velsicol）一并把《寂静的春天》的出版商、《纽约客》杂志、"奥度邦爱鸟协会"告上法庭，要求他们停止出版，取消宣传活动，作者卡逊变成那个得罪"滴滴涕"的小女人。

对卡逊的最严厉的质疑来自于美国氰胺公司生化学家罗伯特·怀特-史蒂文森，他用"情怀论"来攻击卡逊的分析，"如果人类按照卡逊小姐的提议停止使用先进的化工技术，我们将回到黑暗的中世纪，面对大自然威胁束手无策。"还有科学家用"资质论"来攻击卡逊，她原本的专业是海洋生物学，之前写的两本畅销书也是关于海洋的，她有什么资格来讨论杀虫剂的危害？后者属于生物化学领域。还有一种攻击是"论点无限延伸"：卡逊说要慎用少用化工农药，对"滴滴涕"的环境影响需要多方面论证、观察；批评她的人说卡逊要美国人民停止使用一切化工产品，"开历史的倒车"，"阻碍人类的科学进步"。美国农业部部长给当时的美国总统艾森豪威尔写信，从"人格论"角度说卡逊的坏话，"个人问题没有解决，因为长得丑至今单身，心理不同于常人"。最鸡贼的是，农业部部长最后说"卡逊有可能是共产党员"，意思是她和她的书都是居心叵测，可能来自境外敌对势力对美国的攻击（当时是冷战高峰期）。所有这些对卡逊的攻击之辞，无论是在20世纪70年代污染严重的日本，还是今日的中国都听着耳熟，似曾相识。

化工业为"滴滴涕"洗地组织了媒体大辩论，公开大辩论的好处在于对《寂静的春天》起到了二次传播作用，给美国社会各阶层上了一堂又一堂环保课：比如首席科学家史蒂文森跟卡逊上电视辩论，史蒂文森穿着白大褂，满脸严肃，高声指责卡逊的学术错误，对比坐一边素颜安静的小女人蕾切尔·卡逊，到底谁是科学疯子，谁有平常心，这种对比不要太明显。

"滴滴涕"在自然界有残留作用，对鸟类生态有致命影响，在喷洒后几十年都难以消解和清除。比如本地和纽约这一带山林里最常见的猛禽鱼鹰（那个著名的战斗直升机就是以它命名，此鸟能在狭窄空间中垂直起落），在"滴滴涕"喷洒后并不会立刻就死。它们抓捕山溪小河中的鱼类为生，渗透到河水和地下水中的"滴滴涕"转到鱼的身体中，大量吃鱼肉的鱼鹰就遭殃了，"滴滴涕"影响到鸟类对钙的吸收，鱼鹰蛋的蛋壳变得极薄，在孵化前被母鸟踩碎。是以几年之内纽约、新泽西、康州这一带鱼鹰的数量下降了90%，到1970年全康州只有4窝鱼鹰。其他类似遭殃的著名猛禽还有国鸟白头鹰。（至今康州"奥度邦协会"都有一个进行了几十年的"鱼鹰恢复"项目，每年春天各镇居民报告自己看到的鱼鹰的窝，现在康州一共有470窝鱼鹰。最近的一窝就在离我家半里路不到的手机信号塔顶。春天时经常可以看到一只大鸟携带一条鱼从头顶飞过去，一天几次，有时一不留神鱼还会砸下来。）

《寂静的春天》出版前后的民间力量，美国高等法院的支持，开启了美国社会的环保意识。没有哪一个人可以是孤岛，可以单枪匹马地挑战工业巨头杜邦、西科尔。化工业跟所有以利润为目标的商业公司一样，"逐利性"是它的本性，为了利润最大化什么都可以做，什么谎都可以撒。美国政府跟商业巨头的关系，虽然不是国企，但如果政府对大公司监管不力，纵容，偏听偏信，会被逐利无度的公司带进沟里。在这样的权力背景下，一个独立裁决的最高法院是多么重要，否则普通的长岛居民怎么可能叫板纽约州农业部？用《圣经》中所罗门王的话，法律是什么？法律就是给最弱势的人有诉求正义的门路。再说奥度邦爱鸟者协会这种民间组织，《纽约客》杂志，在大公司的官司威胁下，如果没有言论自由的保护，早就不敢吱声了。一个社会如果总是强者独大，比拳头大，比钱多，民间组织、非营利组织、底层都统统闭嘴，哪里还会有不同的声音？

在《寂静的春天》出版一年以后，美国国会正式开始对"杀虫剂"调查听证，1967年"环保基金"（Environmental Defense Fund）正式建立，推动禁用"滴滴涕"，1970年美国环保局（EPA）正式成立。美国社会机制上这些环保进步，卡逊都看不到了，她于1964年，也就是《寂静的春天》出版后第三年因乳腺癌去世。卡逊身后获得大量荣誉，包括1980年获得总统自由勋章。关于《寂静的春天》的影响和争议，一直在持续，一直到2012年《自然》杂志在纪念出版五十周年时，仍然有科学家对禁用杀虫剂，让第三世界疟疾泛滥归咎于卡逊和她的书。争议并不可怕，可怕的是没有声音，寂静的社会。

2017年1月9日

卖惨，是种流行病

卖惨，具体说就是假冒癌症等重症疾病，博得周围人的注意和同情，最好能接受现金捐赠，但钱不重要；胆小的卖惨者不敢直接收钱，让围观群众把钱捐给公益组织，这是脸书这些年时不时曝光的流行病。在心理学上这叫"孟乔森症候群"，这种喜欢博得别人同情和关注的心理疾病由来已久。在孟乔森症候群里，癌症是一个深刻美好的疾病，癌症跟20世纪初还没有发明抗生素前的肺结核一样，属于贵族病，使人纤瘦，弱不禁风，抑郁，使无聊平淡的人生增添诗意与情怀。

"孟乔森"一族最早是20世纪50年代在英国被定名。孟乔森患者装成癌症患者，在各镇各村招摇过市。为了伪装得像，不惜血本，冒着生命危险吃抗癌药物（这些药都是副作用很大的重药），还有的人自己掏钱购买癌症医疗器械，剃光头发，拔光眉毛——毛刺刺的眉毛是乔装癌症患者最容易穿帮的脸部败笔。

孟乔森症是一种心理疾病，患者挖空心思伪装疾病的最主要目的是为了吸引人注意，在社交上占据明星位置，并不是为了赚钱。说白了，编一个悲剧故事让自己变成抗病英雄，借癌症的悲剧力量让生活一波三折，增添情趣。

孟乔森症候群在1951年被英国内分泌学家理查德·埃舍尔命名归类。这类患者喜欢对当地医生和社区戏剧化地描述自己的困境和病灶。在一个社区里轰动效应消停淡化以后，换一个新地方再次上演抗病悲剧。埃舍尔给这类症状命名为"孟乔森症候"（Munchausen Syndrome）。孟乔森们为吸引眼球增强戏剧性、真实性，狠下了一番功夫：比如在完全没有网络，没有维基百科，不可以快速搜索的情况下，这些人专门去医学图书馆自学医学病例报告，让自己扮病人的表演能达到科学真实性；在镜子前反复排练痛苦的表情增加可信度；给自己放血以达到贫血效果，还有就是吞猛药，以骗过医护人员的耳目。小孩子玩过家家，孟乔森们扮生病，"扮生病"这个玩法给当时英国并不发达的乡村医疗诊所很添乱。

在互联网发达后，这个"扮生病"的症候群日益壮大，尤其是在"博客""聊天室""脸书"这种社交媒体发明后。卖惨井喷是有原因的：一是医学知识随手可得，卖惨手段比如自拍、上视频等易如反掌；二是癌症患者群是社交媒体的新贵，这么说比较变态，但事实如此，癌症患者的博客、脸书一般是社交媒体的明星，无论是流量还是点击率，还有跟名人互动，都是名列前茅。其中患者与癌症做斗争的感人故事很容易进入主流媒体，一旦传播天下知，你就一病成名！比如因患"成神经细胞瘤"3岁病故的幼童洛南·汤姆森，他母亲写的病儿博客引起流行明星泰勒·斯威夫特——"霉霉"的注意，2012年9月"霉霉"写的一首歌，歌词直接来自洛南的病儿博客。少女霉粉们不由得对癌症患者羡慕不已，然后就开始动歪脑子效颦。

2012年"霉霉"的歌《洛南》一出，不得了，各种类似的病儿博客像雨后春笋一样冒出来了。稍微调查一下，不难发现这些新生出的癌症博客，好多是想吸引巨星注意的霉粉的花招，出自无所事事的高中女生之手：想想吧，癌症可能让风华正茂的你一夜出名，你从一个无名小妞瞬间身价百倍，颠倒众生，何乐而不为呢！你只需要花点功夫到一些偏僻的网站找几张病儿照片，假冒是自己的悲剧人生，天王巨星就有可能成为你的粉丝，跟你私信互动。

最长篇的卖惨故事在脸书上历时八年，悲剧主角是一个叫黛娜·德尔的外科医生，居加拿大偏僻省份，倒了血霉一样与命运顽强拼搏，双胞胎孩子得绝症，老公车祸，最后身怀六甲在2012年母亲节遭遇车祸一命呜呼，一尸两命，剧情起伏跌宕，堪比长篇韩剧。这个故事吸粉无数，但是，经过调查曝光后粉丝发现没有一个角色是真实人物，纯粹虚构，虚构者最初是一个11岁女孩儿，她玩的就是心跳。这是玩大的，卖惨成极品的。

也有卖惨者粗心大意，一出道就被识破的。比如一个女士假冒得绝症的足球队员，偷了大卫·贝克汉姆的照片当作自己的生活照；另外一个装癌病人结果当选为美国白血病和淋巴癌协会年度人物，以上事例均见英国《卫报》2016年2月18日的报道。另外一个极品是1991年出生的澳大利亚的著名脑癌患者贝拉·吉布森，她卖自己的手机应用APP，有自己健康生活网站，上电视，做励志话题秀，最后被曝光是假冒癌症，"卖惨"让她挣了至少75万美元。贝拉·吉布森为逃避诈骗的罪名，最后把这些钱都捐给慈善机构，现在官司缠身。但大部分网上卖惨者图的不是金钱，他们要的是点击率，名声，跟心仪的偶像互动，让平凡的生活多姿多彩。

美好的人生没有故事，在朋友圈里你只是亲友团的一分子，没有海量的点赞，没有留言，没有转发。癌症让平凡的你性感多姿。

孟乔森症候群，卖惨是一种心理疾病，得治。

2017年1月20日

极不靠谱的美国中小学性教育

说起美国公立中小学中的性教育，真是五花八门，因地而异，我实在不想用奇葩来形容，但是在性教育课上，美国无论是哲学观念上还是课程指导理念上都远远落后于欧洲国家。

先说简单的统计数据如下：

第一，全美56个州中，把"性教育"要求为必修课程的只有24个州，外加一个华盛顿特区。其中22个州和华盛顿特区的公立学校要求学生必修性教育和艾滋病防疫教育；另外两个州只要求性教育，没有艾滋病防疫课。

第二，有27个州加华盛顿特区，州教育部门要求下属的公立学校，如果教性知识和艾滋病防疫课程，那就要达到一定的标准。其中只有13个州要求这些课程必须符合医学科普标准。

第三，34个州加华盛顿特区要求学生必修艾滋病防疫课，其中12个州只要求学生必修艾滋病防疫课，这意味着学生可以选择不学性教育课而直接跳到艾滋病防疫课。

第四，在艾滋防疫课的内容要求上：只有20个州要求课程必须包含避孕知识；39个州的课程要求其课程设置必须包括"禁欲"为防艾滋病的办法，其中27个州要求学校强调"禁欲"，12个州的课程中"禁欲"是必须内容。

以上内容是推广性知识普教的哥特麦彻尔学院（Guttmacher Institute）最新的统计数据。注意这其中数字的差距，"必修课"指学校必须开设的课，"课程必须包括的内容"指如果学校决定开设这门课，那么课程设置必须包括"指定内容"。

国内的朋友问起我美国性教育的内容时，我差点脱口而出："美国学校有什么性教育啊！"比如犹他州的州议员比尔·怀特，2012年提出的性教育提案宗旨是"禁欲应该作为性教育的唯一内容"，"禁止给学生教授性知识，也禁止传播同性恋概念，避孕知识只在婚内提倡"。看看，开历史倒车的何止中国家长！中国家长只不过对二年级的性教育课本嘀咕几句，而犹他州堂堂的民选"人民代表"竟然提出以"禁欲为主的性教育"这种反科学的提案。这种以禁欲的意志力量对抗生理欲求的做法，简直就是人定胜天，痴人说梦！要知道美国的少女怀孕率是欧洲性教育先进国家荷兰的五倍，跟美国这种根深蒂固的清教禁欲观绝对有关系。"好多代美国人，包括教师和家长，对自己的欲求无所适从，不愿面对。"这是美国前医生总长的话。

知识改变命运，正确的科学的性知识更是改变少女命运。美国公立学校这种要么极不靠谱要么扭扭捏捏的性教育，曾被动画片《辛普森家族》讽刺：六年级学生终于盼来了性教育课，原来是迪士尼卡通片，然后画面切换，春天来了，两只可爱的小白兔相爱了，然后它们就生了一窝又一窝的小小白兔。熊孩子巴特·辛普森说："我们还需要性教育吗？所有你想知道的，不是在男厕所的墙上写着吗？"

巴特·辛普森说得没错，学校不教，那么性知识的来源就是色情文学和同辈八卦，这种规律，对我这样在禁欲封闭环境长大的人，是多么熟悉啊！大学时古典文学课教授《牡丹亭》，老师就随便提了一句，说《牡丹亭》里有中国古代小说最色情的五个字，结果我们几个宿舍的连夜通读《牡丹亭》，遍寻那色冠古今的一句，恨不得把全书通背下来。

冯唐在他的长篇小说《十八岁给我一个姑娘》里写过一个情景："老流氓"冯建国拿着一本《花花公子》杂志自渎，被少年主人公"我"隔着窗户看到。"我"似懂非懂又吓了一跳。问老流氓在干什么，"老流氓"大大方方地说："别咋咋呼呼地让别人笑话！"说着把那本黄书塞给"我"，让"我"赶紧自学。老流氓对自己身体的自然态度还是值得称赞的。

20世纪90年代美国为了降低少女怀孕率，减少艾滋病传染，医学总长曾经公开提倡青少年自渎，对于保守人士来说这种提议当然是污得不能再污。下半身的事，不能说，不能公开讨论。这就是美国一些道貌岸然者的态度。

如今好在资讯发达，开明家长稍微在书店、网站上搜搜，给孩子正确温和的开蒙之道很容易就能找到，少儿科普类图书，按年龄分段，从最简单的少儿百科图书，就有对哺乳动物雌雄差别的介绍，一直说到人类。关于身体器官的说明、荷尔蒙、青春发育期，一直到怀胎生育都有图片，而且画面清晰，叙述简单，既不暧昧也不故作姿态。到孩子再大一点，识字多可以独立阅读了，那可以读的就更多了。为青春期知识准备的书籍，分男孩和女孩，其中知识包罗万象。以女孩子的青春期书为例，除了性知识的条条框框，书中还开列出卫生棉的使用、保管，对体毛的处理办法，体重问题，交友问题，对陌生人搭讪的警惕。青春期知识类书，有一个根本的核心知识，就是要提醒少男少女，哪里可以拿到免费的避孕工具。

美国的性教育，一言以蔽之，核心问题其一是"避孕"和预防艾滋，其二就是男女交往中的性准许。

不被另外一方准许而强迫发生的性，就是强奸。这种约会强奸，聚会强奸，从朱迪·福斯特主演的电影《被告》开始，是美国社会备受瞩目和争议的话题，但又屡屡发生。近年最有名的聚会强奸，是2015年斯坦福大学的游泳健将性侵酒醉于校园路上的女孩，结果阳光帅气的游泳健将只被判了六个月，他父亲写了公开信替儿子辩护："就是20分钟的事，这孩子的前程就全毁了，现在我可怜的儿子焦虑，抑郁，连最喜欢吃的牛排都不碰一口。"性侵者摇身变成受害人，判案的法官都觉得人艰不拆，对他网开一面，判了最轻的刑，这是什么世道啊！这件事在美国社交媒体上引起公愤，事主是"白人"，"顶尖大学"学生，游泳健将这些资质似乎都可以让强奸罪被原谅。

同样在两年前。邻镇公立高中游泳队的四个十二年级男生，在聚会上喝酒，酒后乱性，事后女生告发是被强迫，这四人都被判强奸罪。这下轮到我们这些家有少年的家长非常紧张了。性过程中对对方的尊重，性双方的信任，不是说读一两本书就可以培养。但是美国学校中的性教育，除了对罪与罚的恐惧感以外，能培养出多少两性关系中的尊重和信赖呢？一方面是清教式强调精神力量控制肉体冲动，另一方面要孩子愚公移山一样自学成才，完成对性的探索，承受各种社会和刑事后果。这是多么失败落后的性教育。

2017年3月9日

公司的末位淘汰法还能搞多久

华为任正非总裁在泰国员工大会上的讲话"华为是没有钱的，大家不奋斗就垮了，不可能为不奋斗者支付什么"，"我承诺，只要我还飞得动，就会到艰苦地区来看你们，到战乱、瘟疫……地区来陪你们。我若贪生怕死，何来让你们去英勇奋斗。"这些话语让奋斗的员工热血沸腾，让不奋斗的屌丝闻风丧胆，让我想起20世纪90年代流行的美国公司管理口号：

"吃午饭，要么被当作午饭吃掉。"

"掌控你的命运，否则就被别人掌控。"

"好还不够，要伟大。"

"谁也没给你打包票一定有工作。"

"现金为王，埋葬或者收购竞争者。"

除了第一句出自英特尔总裁，其他铿锵有力的金句都是出自通用电器的董事长，杰克·韦尔奇。这种打鸡血讲演，连特朗普在总统就职仪式上都用到了，"只要我在这世界上还有一口气，我都要为你们的利益奋斗。""跟华盛顿的官僚建制斗。"听众热泪盈眶，立刻把自己代入到特朗普的"你们"这个代称下，觉得总算有个民选总统替自己的利益代言了，特朗普为之奋斗的"你们"其实是有狭窄的定义；就像任总讲话里"英勇奋斗"的"你们"，有严格的年龄限制，面临被辞退的老员工说我们也想奋斗啊。

从新闻报道看，华为对员工管理的办法，包括对每个员工制定"完成额度"，年终绩效考核评估，剔除考评最差的5%员工，等等，基本是沿用了美国"财富500强"大公司过去几十年普遍使用的"活力曲线"管理法。这种管理法首创于通用电器总裁杰克·韦尔奇，基本思路是"评级和去渣"（rank and yank），用"年额度"来对员工作评估，分出好、中、坏三等，这三等的百分比因公司而异，在通用电器是20%–70%–10%，20%是优胜员工，10%属于会被淘汰的渣渣。在华为这种绩效考核被称为自然淘汰，5%被淘汰。但实际上清理5%–10%只是一个起点，是在公司部门运行正常的情况下的做法。在经济环境险恶时许多公司裁掉的人数远多于这个百分比。

"活力曲线"又称为"钟形正态分布"（Bell Curve），在不同的公司实施时有大同小异的不同版本。据调查，到2013年为止被12%的美国公司采纳，60%以上的"财富500强"公司的人员管理是基于"活力曲线"的原则。在韦尔奇治下的通用电器，市值增加了3000亿美元，他被冠为"世纪总裁"，职业经理人的顶峰。讽刺的是，通用电器的高歌猛进到2008年金融危机时戛然而止。通用电器下的金融分公司，"通用金融"，这么多年在"活力曲线"的紧箍咒下打了鸡血一样地扩张生意，高杠杆资本运作，借1卖10，到金融危机前已经从"通用"下属的配角子公司上升为龙头企业，2008年烂账的多米诺骨牌效应几乎把整个"通用电器"带进沟里，最后靠政府出手救市。被贴上"大而不能倒"标签的公司一个是"通用电器"，另一个是友邦保险AIG，那也是被自己的高杠杆高风险的金融业拉下水至破产的巨头。这两个巨头原来的核心商业，比如通用的航天设备、医疗器械，友邦保险的保险业并没出现问题。是高风险、高杠杆操作把公司搞破产，不能怪到"活力曲线"的管理理念头上。

另一个"活力曲线"管理粉丝是全球最大网店亚马逊，2015年8月《纽约时报》深度报道亚马逊内部员工之间的恶性竞争，为了创新和完成额度，同事间关系恶劣，业绩竞争变成你死我活的零和游戏，可以用"人吃人"来形容。"人吃人"的结果是人才流失，因为一旦落进垫底的差评类，唯一的出路是下岗走人，连调动到其他部门，换一个岗位的机会都没有。每年部门经理必须完成某个百分比的淘汰率的额度，常常为了填满这个额度，部门出于自保本部门的优质人才，就得选择一个替罪羊来受难，这种选一个替罪羊来完成淘汰额度的办法，亚马逊内部被称作"礼貌地把人推下车"，这是亚马逊零售部门的管理毒瘤。在这种强制淘汰机制下，亚马逊失去了好多人才，以至于硅谷的其他公司比如脸书，直接在西雅图开了办公室，接纳亚马逊内部恶性竞争淘汰下来的人才。

被下岗的亚马逊员工一方面是勤劳苦干，被其他硅谷公司热抢；另一方面又像中毒后遗症一样过分竞争，打了鸡血的人是很难在短时间内恢复正常的。硅谷猎头专门给前亚马逊员工起了一个外号，"亚马混蛋"（amholes），跟"无耻混蛋"（assholes）就差一点点。

"活力曲线"的人事管理理念一方面因为激发员工的生产力而大热，被广泛采用，同时也一直受到管理咨询界质疑，反对者把它叫作"强迫排名"，"强迫排名"道出这种管理理念的真谛：对员工强制性分出好、中、差三个等级，分红、去留、升迁与此挂钩，等于是企业管理中的法家思想。如果过度强调员工考评排名和排名后的淘汰，可能会引发员工间的恶性竞争，什么合作精神，为同僚做利益牺牲想都不要想。

恶性竞争环境下的两朵恶之花，其一是逆向淘汰，其二是回避风险。逆向淘汰就是武大郎开店，只挑比自己矮的。在10%的员工下岗后，再雇佣新人接手，部门的幸存者就留了一个心眼儿了，绝对不能雇佣比自己强的人来超过自己，否则到第二年考核时自己就变成垫底的了。雇佣的新人其水平不能太差但绝对不能出众。当这种武大郎开店的心理普及成为企业文化，逆向淘汰发展到最后，勤奋工作也变成劣棋。因为既然一切取决于同辈考评打分，那么你埋头苦干、成绩突出就很容易威胁到部门其他成绩不突出的同事生存，唯一的办法就是把勤奋者干掉，让你出局，最后大家达到不好不差的"维持局面"。另一种回避风险的局面出现在20%的优质者身上，他们为保住自己的优胜地位不愿意升迁，不想冒风险接受新挑战。因为分红和薪水是和考核成绩挂钩的，又不是跟风险性挂钩的，多干多错。这两点，也是通用电器存在的人事问题。

如何建立灵活多元的人才奖赏激励机制，是管理界的永恒难题。不顾一切地提倡员工竞争，在经济环境不好，或者工作额度负荷已经超载的情况下，容易出现业绩造假。最有名的业绩造假案例就是2001年因为做假账被起诉破产的安然公司（Enron），安然内部恶性竞争也是有名。

2015年后通用电器跟随微软公司等，包括其他6%财富500强企业，已经开始停止年度考评制，但财富500强主流依然沿用这个员工考评。通用旗下分公司"通用金融"的业务基本都或处理或变卖，只保留极小一部分"设备租赁"。英语里有句俗语，"地心引力作用，升得高的最后都得落下来"，红极一时的"活力曲线"管理也不例外。现在通用电器强调员工合作与培训，这跟金融危机后它保留下的技术性核心业务也有关系，对于工程师来讲，合作比竞争更重要。

必须说明的是，这个管理思想本身并非引祸金融危机。同样是用"活力曲线"管理员工，通用的机械设备业务子公司没有发生整个公司的高杠杆灭顶之灾；亚马逊这样内部恶性竞争激烈的主，也没有"大到不能倒"最后需要政府出手救市。通用电器管理模式的成与败，引发出优胜劣汰的社会文化的深思和辩论，它的意义远超过人事管理的范围。

虽然不在通用电器工作，但我感觉自小就生活在"活力曲线"的管理下。要力争第一，不能输在起跑线上，小学毕业要考上重点中学，高考要上北大清华，我是胜利者，所以没有觉得太多创伤。直到有一次跟北京某附中毕业的朋友聊天，回忆各自高中考试成绩排名，她说起母校的理科尖子班每学期排名，排名揭晓的那天，排在最后的差生，当众拎着书包离开尖子班教室回到普通班，他们把从尖子班到普通班的走廊叫作"死亡之路"，因为"死亡之路"上走过的差生，一年里疯了两个，另外一个休学。排名后"死亡之路"搞不下去了。但尖子班还存在，她是幸存者。但是她永远记得排名出炉那天的可怕预感。窒息一样的紧张感会从考得最差的同学那里传染给大家。这也是为什么亚马逊的零售部门在选了替罪羊下岗以后，那种可怕的负疚感在员工中存在。

华为的评级去渣，强迫退休，在年龄限制上比通用电器等的做法走得更远。不知道在今后国内劳动市场开始稀缺的情况下，华为的年龄限制能维持多久。

2017年3月11日

美国政府都给他打工

戴维·洛克菲勒于2017年3月20日去世，享年101岁。这条消息只在美国各大媒体的推特账号上推出，正式的讣告还没有出现。2002年这位老爷爷的自传回忆录在历时二十年的撰写后终于出版，是他这样一个世界性巨人一生的总结。

洛克菲勒家族人才众多，从第一代老洛克菲勒开始，枭雄辈出，全家族的前四代人无论在美国的上层建筑还是经济基础都是影响深远。这位去世的百岁老人究竟是谁，在家族中的地位，先需要花笔墨说清楚。

戴维·洛克菲勒是"石油大王"约翰·洛克菲勒（俗称J. D.洛克菲勒）的第三代。戴维的父亲是小洛克菲勒。洛家第一代约翰·洛克菲勒，在商业上有"石油大王"的称号，但这个盛名都还不能完全概括20世纪初这个商业巨子的财商帝国涉猎之广（石油、橡胶、铜矿、铁矿、银行、交通运输、山林道路、国家公园的设立），1998年关于他的最新传记出版，书名是《泰坦巨人》（*Titan*），"巨人"就是老洛克菲勒这样的。他去世时，他的财富积累在1913年达到10亿美元，这份遗产按《福布斯》杂志的算法，相当于2016年的3 920亿美元，基本是现在世界首富比尔·盖茨身价的四倍。老洛克菲勒之后他的影响力开始分流，他膝下有四个孩子，其中只有一个儿子，他就是俗称的小洛克菲勒，老洛克菲勒大约把财产的10%传给了儿子。在小洛克菲勒诸多发财工业中，其中一个是"大通银行"（Chase Bank），他是此家银行的主要控股人。小洛克菲勒把他所得遗产一部分注资大通银行，这样"大通"成为当时世界上最大的银行。"大通银行"又叫"洛克菲勒银行"，大通银行在过去一百年间有几十次兼并和收购，最后成为现在的大通摩根银行。

小洛克菲勒有六个子女，其中五个是儿子，这五人就是以后著名的洛氏五兄弟。这六个子女借着上两代洛家的财富积累和政治影响力，在美国政治、经济、外交、文化等重要方面有举足轻重的地位，把洛氏家族在世界格局中的影响力推向顶峰。其中最小的儿子戴维·洛克菲勒，就是不日前往生的亿万富翁百岁老人，他生前的主要身份是大通银行的董事长、银行家、外交家、艺术品收藏人，纽约莫马MOMA也就是现代艺术博物馆的最重要的赞助人。

对于中国，他是新中国与美国重建外交关系，中国突破冷战的铁幕重新走向世界的推手。"中国人民的老朋友"这个称号是实至名归。对于他，中国是他战略中的大通重回远东市场，与日本银行竞争的主要全球市场。在戴维的回忆录里，1973年重回中国，大通与新中国政府签订第一个银行协定，是与"尼克松访华"、《中美公报》这些划时代大事件并重的里程碑。在这章前后他详细写了"大通"因为"文化大革命"中美断交时退出香港，把远东银行业拱手让给荷兰人和日本人时的挫败感，这种商业帝国全球扩张改变历史大事件的思维框架是洛家特色，洛氏子孙改变世界，而不是被世界改变，这是他们一贯的信条。

跟中国近代商业传统里的"官商"概念不同，洛氏不是胡雪岩式的红顶商人，他们代表的是列宁在《国家与革命》中概括的资本的扩张性和垄断性。洛克菲勒家族不是为某朝某代的政府服务，相反，政府是他们的器，整个世界为他们打工，世界大战因他们的瓜分争夺而起。他们是数任美国总统身后真正的决策力量。中美建交这样的世界外交史上的里程碑，对于戴维·洛克菲勒来说，是大通银行全球扩张下的一步棋，这种巨人视点可以说是洛克菲勒家族独有。

戴维·洛克菲勒对美国外交政策影响到什么地步？举个例子，美国外交智库"美国外交协会"是他一手成立和全资赞助，每年的活动经费全部由洛克菲勒基金支付；外交协会的办公室用的是大通银行大楼的一层；二战后的"联合国"成立离不开戴维·洛克菲勒鼎力支持，现在曼哈顿联合国总部所用的那块地，原本属于洛氏家族，戴维·洛克菲勒把它捐出来给联合国盖办公楼。联合国的前身，第一次世界大战后成立的"国联"，也是在戴维·洛克菲勒的父亲，也就是小洛克菲勒支持下成立的。洛氏家族和商业帝国的"全球化"策略，比这个词流行早了一百年。连克林顿总统搞的北美贸易协定（NAFTA），戴维·洛克菲勒是这个自由贸易思想的始作俑者和组织者。喜欢捐钱捐地搞事情，是洛家传统。

戴维·洛克菲勒对美国政府的另外一个重要影响，即他是中央情报局的规划元老和中情局资金来源的主要赞助人，中情局局长约翰·杜勒斯跟戴维是大学同学加联姻关系，杜勒斯是洛家的女婿，杜勒斯家的父辈原本是纽约华尔街的律师，是老洛克菲勒公司的律师代理，世家又亲上加亲。中情局最早的业务和资金来源，是给美孚石油等跨国公司在世界各地做业务咨询。中情局人员的情报汇报一是给局长，二是给戴维·洛克菲勒，这也是惯例。洛克菲勒家族对美国外交界和情报界的影响，在美国外交界随便挑一个"中国通"就可以看出跟洛氏家族的瓜葛。比如现任的美国国务卿，因为萨德系统访华的蒂勒森，就做了近四十年美孚石油的董事长。老洛克菲勒建立的石油霸业标准石油公司，是美孚石油的前身。在美国司法部反托拉斯法案通过后，标准石油被强制拆解成几个公司，其中继承原油类业务的就是美孚石油。

再看看李洁明（James R. Lilly），1989–1991年间任美国驻中国大使。李洁明的父亲，作为标准石油的员工1916年开始在中国工作，负责中国北部的煤油销售，坐船走遍黄河流域。李洁明在山东青岛出生，从小由一个山东保姆带大。在升任大使前，李洁明作为中央情报局的官员在日本、韩国、中国台湾驻扎了二十七年。不难看出，这年龄相隔近五十年的两个美国人，他们人生道路交集在几个节点上：标准／美孚石油公司、外交部、中央情报局、远东。

你如果用英文搜戴维·洛克菲勒，前三十条基本是关于他的

"阴谋论"：从纳粹兴起背后的金主、珍珠港事件，到肯尼迪总统被刺杀，到2001年的纽约"9·11"恐袭，阴谋论者基本把原罪都算到他头上，他和他们家族，是美国最大的野心家和阴谋家，推动国际风云的看得见的手。这些阴谋论还不是说说而已的网上谣言，比如最新一本正式出版的阴谋论书，说他的纳粹势力关系，来自于*Slate*杂志记者的调查，基本说法是洛克菲勒的一代和二代在欧洲的商业合伙人，都是纳粹的金主（必须承认，阴谋论很卖钱，这也是为什么写洛氏家族的书屡出不绝）。

在前面提到的几大阴谋论里，最可信的，为史学界承认的，是洛氏家族对日本长期的竞争态度，因日本在东南亚的军事和商业霸权而起。前面提到，洛克菲勒涉足的大宗商品行业远不止是石油，铁矿、铜矿、橡胶等原材料是把他们吸引到马来西亚发展的主要原因。同时他们向亚洲市场出口原油和原油产品，"标准石油"和日本"帝国石油"对中国市场的争夺和矛盾，是洛氏家族在第二次世界大战中成为美国政府主战派的原因。他们力主美国对日宣战，希望美国开辟太平洋战场。洛氏帝国对日本的竞争，一直延伸到20世纪70年代的全球银行业，日本银行业利用冷战期间美国撤离大中华地区，达到在东南亚商业势力扩张，这一直是戴维·洛克菲勒的大通银行的心病。所以他要抢在美国银行之先打开中国大门，抢先跟共产主义国家做生意，这是他推动中美关系正常化后的出发点。他的第一步目标是向中国政府要回大通在中国被冻结的资产。

集中说戴维·洛克菲勒和中美建交。戴维的回忆录有中文版，另外的资料来源于国内公开出版的外交家黄华的回忆录，2010年在中国宋庆龄基金会的网页上发表，现在还可以找到。

1972年2月尼克松总统访华，中美两国第一次打破冷战的铁幕，联合发表《上海公报》为中美关系正常化铺垫道路。具有划时代意义的《上海公报》原则对于国内的60后、70后一代人耳熟能详：美国对"一个中国"原则不持异议，同意从台湾和台湾海峡撤出军事力量；坚持在和平共处五项原则基础上建立中美关系。《上海公报》开始了中美关系正常化的第一步。《上海公报》后开辟的具体外交举措之一，是中美外交交流渠道"纽约通道"的开辟。之后1972年的一天，中华人民共和国政府的外交秘密使团由当时的黄华副外长带领过家鼎、施燕华等一行人抵达纽约曼哈顿的四十三街的罗斯福酒店。彼时在酒店大堂里坐等了一整天的大通银行副总裁皮埃尔走上前去欢迎，随即递上一皮箱，作为给中国秘密使团的下马盘缠之用，度过到达纽约后最初几天的现金之困。皮箱中装着5万美元现金，大通银行的副总裁坚持不收收据。这个贴心又低调的见面礼，很快给大通银行打开了中国的大门。不久中国使团在纽约开设第一个银行账户，就是在大通银行。这位副总裁，是大通银行负责联合国关系的协调人。把中国外交秘密使团的行踪通报给大通的，当然是基辛格，因为黄华此行和之后多次来到纽约交涉的人，就是当时美国国务卿基辛格。基辛格和戴维·洛克菲勒在外交政策上惺惺相惜，完全是知音。1954年基辛格受外交协会邀请去参加一个关于核扩散会议，因此跟洛氏家族结识。之后基辛格很快被邀请进入"洛克菲勒兄弟基金"的董事会。

1973年8月10日戴维率领大通银行代表团访问中国。抵达北京后，周恩来总理于深夜11点在人民大会堂外的台阶上等候代表团前来。会晤超过两个小时，到次日凌晨1点后才结束。会晤中周总理要求戴维解释那时全球的宏观经济走向，为什么美元暴跌20%。戴维从布莱顿体系的瓦解解释起，他是芝加哥大学的经济学博士。会晤中戴维对周总理的热情接待还有点忐忑，因为1954年在日内瓦会议上拒绝跟周总理握手的美国国务卿杜勒斯，是戴维·洛克菲勒的表姐夫，洛家的女婿。此后戴维·洛克菲勒五次访华。他的第一次访华纪行，发表在1973年8月10日的《纽约时报》上。余下的已经是历史。中国从此国门大开，历史进程不可逆转，"一万年太久，只争朝夕"。

用美国原油专家约尔金（Daniel Yergin）的话：原油的历史，基本概括人类现代历史上所有的资本移动、外交纵横和大国霸权。而在这段历史上，洛克菲勒家族一直聚焦了所有权力与金钱的聚光灯。

2017年3月21日

大学正变成穷人的陷阱

美国大学生的学费贷款问题，跟中文媒体最近广泛报道的国内大学"校园贷"、学生"微商贷"没有任何共同之处，也不完全因为高利贷和诈骗，但是它遗祸很广，尤其是现今十年来美国的贫富分化加剧后，学生贷款成为压垮中下层年轻一代的最后一根稻草。

美国大学院校的学生贷款困境，从2008年金融危机后开始加剧，历经十年，三届总统任期（奥巴马和特朗普）都没有解决。数量之巨，1.3万亿美元，负担大学贷款的人数达4300万，可以说关系"国计民生"，以至于总统大选时两大党候选人都打减免学生债务的牌，民主党大个候选人伯尼·桑德斯和希拉里在这个问题上少有的一致：都主张美国公立大学对中产阶级和低收入者实行免费入学，不仅免学费，还要发生活费助学金。

远的不说，就说纽约州的大学本科毕业生，四年大学后，平均每个学生欠下学贷总额3.2万美元。这个数字怎么算出呢？纽约州内的公立大学，其中包括纽约大学、康奈尔大学这样的名校，州内学费是6500美元一年，四年累计学费2.6万美元，再加

6000美元的杂费。这是"美联社"帮纽约州大学生算的账。这个学贷数字在我的纽约校友微信群引起哗然，你想啊，一个土生土长的纽约州家庭，每年拿不出6000多块美金给孩子交学费而必须求助于贷款，这可能吗？这个学贷数字是伴随纽约州州长的教育动议而出的：安德鲁·库蒙州长宣布纽约成为美国第一个实行州立大学免费的州，从2017年9月秋季入学就开始。

如果你想享受免费的红利，第一你必须是纽约州居民，第二你的家庭收入不能超过一个"天花板"：2017-2018年，家庭总收入的"天花板"是10万美元，低于10万美元收入的家庭可以免费读大学；2018-2019年，"天花板"是11万美元；2019-2020年，"天花板"是12.5万美元。以此标准，纽约州估计有94万居民可以享受这个免费教育红利。保守估计，这个免费上大学给纽约州未来三年的财税负担是1.63亿美元。

免学费的大礼包，是在纽约州现有的大学助学金项目以外新加的馅饼。根据《纽约时报》的统计，纽约州过去已有的大学助学金项目，每年财税花费是10亿美元，每个大学生每年最多可获得5156美元的助学金。库蒙州长这项动议立刻被批评"搞社会主义"。

我在密歇根的好朋友，一位老留学生，几年前她的老父老母在国内去世，她们姐妹几个把旧居脱手，各分了一些遗产。这位朋友把分到的二十几万美金大半给了在美国出生的女儿，结果女儿转手就用这笔钱帮未婚夫还了学贷，还完学贷他们就结婚了。这个洋女婿在密歇根大学读的本科和法学院，欠了十几万美元的贷款。这笔巨额负债，一直重压着这个年轻律师。

像朋友的女婿这样因为巨额学贷而延迟成家、不愿也没有能力买房置产的年轻人，在美国"90后""千禧代"中非常普遍。包括我们小公司刚建立时雇的第一个职员，也是大学毕业后因"金融危机"找不到工作，他再接再厉去读了一个法学士，读完还是找不到工作，就在一家对冲基金里做实习生，实际上也就是打杂。结果一年后这家对冲基金因业绩不佳被收购，原来承诺给他的实习后的全职工作也泡汤了。我们这家公司使用原来的办公室和IT设备，顺带也就收了这个实习生，在我们这里他得到了第一份正式工作。他拿到薪水的第一个月就从父母家搬了出来，自己找了公寓住，爽啊！自立门户，离他2008年本科毕业已经过去了六年！想想多么坎坷。

对美国学贷的各种研究表明，在背负学贷的年轻人中，真正前途渺茫的并不是那些背负十几万美元巨款的负债人，负债越高说明学历越高，在经济好转情况下找到高薪工作的可能性越大，也就是经济学里说的预期收入高。前面提到这两个读法学院的小伙子的案例，也证明了这种高学历飞快咸鱼翻身的说法：第一个当然是因为女方陪嫁引进了中国资本，第二个纯粹是他自己的不懈努力，让薪水大幅增长。

美国学生贷款的最大受害者，不是这些读了法学院、医学院或者商学院MBA的高学历专业人士。相反，欠债不还的反而是只有几千美元小额贷款的人。这些欠下小额贷款的学生基本都来自底层，经济上接近于或者略好于赤贫，风险承受力极低，一旦有个闪失就不能继续学业，当然就不可能偿还贷款，哪怕这笔贷款只有三五千美元。最可怕的是，这些人辍学后完成学位无望，几年的教育投资都打水漂，原来的经济窘境不仅不能改善，还因为欠下学贷而更糟。

这种恶性循环一般发生在美国底层，尤其是黑人中间。高等教育不仅没有改善人生途径、增加经济收入，反而给他们和他们的父母带来还不起的负债，大学变成穷人的陷阱。翠西·麦克米伦·考腾的书《降级教育》（*Lower Ed*）说的就是美国黑人底层大学生是怎么落进这种大学陷阱的。

考腾的书讲述这种祸害穷人的赢利性"高等教育"，是近十年来美国的高等教育市场化的潮流之一，与传统概念中的非营利大学不同，这些大学以帮学生找工作为办学目的，周期短，不需要四年时间，许诺学生两年就可以毕业上市场找工作。这是美国式的蓝翔技校，但它收取高额学费，比一般大学还贵。简单说，就是人力市场上什么工作热门就设置什么课程，热门工作无非是文秘、保安、医疗护理这三大类。这些营利性大学给学生画一个光明的就业前景，让本来就没有任何积蓄的高中毕业生靠借贷款来付费读书。

这种营利性质的教育公司，原来是小型化、地区性的，在美国一直存在。但是2008年金融危机以后，因为工作机会减少，技能培训需求让营利性大学看到商机了，如雨后春笋般发展起来。比如曾经最大的营利性连锁大学"克林西安学院"（Corinthian Collegesand Schools），在美国与加拿大拥有十万学生，旗下的学院品牌有Everest、Heald、WyoTech等。克林西安学院的赚钱办法，一是靠收取学费，它的学费比一般的非营利大学要高30%-40%；另一方面是忽悠学生大量借它的高利息贷款。

美国大学的学费贷款，一般是低息或近于无息贷款，出资方是美国教育部。学贷市场的一小部分是营利性贷款，借贷方是私人公司，借贷年利率高达20%。联邦政府借出的学贷，学生毕业后有各种办法免于偿还，比如做公务员为政府部门打工（美国大学毕业生中只有10%的人愿意当公务员），或者签订按每月工资比例偿还的合同，每个月还上几十美元。如果是借联邦政府的学贷，学生真赖了，政府很难追究学生。但私营贷款就不同了，克林西安学院给学生的贷款赖不掉，克林西安学院专门雇了催债公司来骚扰借钱不还的学生。放高利息学生贷款、骚扰学生、恶性催债，是加州和麻州教育部门联合控告克林西安学院的几宗罪，最后这家教育公司被证监会调查，在纳斯达克摘牌。

克林西安学院旗下密歇根州的一个学院，2013年一个女学生借钱主修医疗护理专业，她主要通过学贷来交学费，所以在短短一年多时间里积累了一万美元的联邦学贷和一万多美元的私营借贷。她靠卖血浆偿还高额私营借贷。即使这么挣扎，她也只读了一年多的书，从2013年起克林西安开始陷于财务困难，许多教师下岗，这个女生所选的课竟然都没有老师来教课。2015年，克林西安宣布破产，密歇根州校园分部关闭。虽然她第二年没上什么课，最后学校居然还是给她颁发了学位，但在找工作时，她发现这个克林西安的文凭口碑很低，"近于垃圾"。

对于这种学院乱象，穷学生被忽悠了，没有学到什么工作技能又欠下巨债，气急之下这个女生跟十四个同样遭遇的同学一起宣布"罢贷"（Debt Strike），跟罢工、罢市类似，"罢贷"就是公开拒绝偿还贷款的本金和利息。"罢贷"事件不仅惊动了媒体，还惊动联邦政府教育部，后来"罢贷"成为"占领华尔街"青年抗议活动的一部分。这样美国大学生的欠贷问题正式浮出水面。

民主党参议员伊丽莎白·沃伦率先跟当时奥巴马内阁的教育部发难，指责他们监管失责，要求他们立刻取消克林西安学院几千学生的学贷，认为教育部有权豁免学生的贷款，理由是"大学没有尽到基本教育职能"。问题是私营借贷机构放的高利贷款，联邦教育部无权豁免。同时，克林西安学院这种连锁性机构，跨越美加两国，它在美国的学生每年光向联邦政府借贷就高达10亿美元！这么数额巨大的贷款，光是审查所有借贷就是庞大的工程。再说豁免克林西安学院学生的贷款，牵一发动全身，其他类似情况的学生是否应该一视同仁？

从2010年开始，美国学生贷款已经取代汽车贷款和信用卡债务，排在民间借贷的第二位，仅次于房地产按揭。克林西安学院于2015年5月正式宣布破产，但是其学生的学贷问题并没有解决，即使教育部口头宣布豁免几千个学生的贷款，但其审理过程依旧漫长，同时还要防备浑水摸鱼假冒受害者的骗子。

克林西安学院现在彻底倒掉，它给学生遗留的高利息借贷，还一直在几方扯皮中，没有清算完结。目前美国教育市场上存在大约6%的营利性大学。大学教育是突破贫困的捷径，这种教育福音，无论是在中国还是美国都被绝大部分人执信。这种执信，对营利性教育机构是有利可图的信号，尤其是在经济下行，工作机会稀缺的年代，"画饼充饥"的种种忽悠，资讯不发达的美国底层特别容易中招。同样道理，高利率的私营学贷也是主要向底层人下手。《降低教育》这本书的作者是出生于佐治亚州的黑人，她用这本书对美国黑人的教育选择发出警告：不要被忽悠，不要因为找工作的近利落入教育陷阱！

2017年4月21日

健康的青壮年都在给美国医疗系统垫背

什么是比死还要可怕的？是缓慢的痛苦的不死，这在国内的医院已经不陌生了：重症看护室里的昏迷；为了阻止四肢条件反射性动作，用布条把四肢紧紧地捆在病床的铁栏杆上；插管进食，靠护工用手指挤压排泄；呼吸和进食完全依靠机器……换到美国，这些医院临终护理惨状都不变，但还有另外一个情景，就是不惜一切代价，使用高科技救护，在你生命的最后一段时间，努力延长你的寿命。

假想琼瑶奶奶是一个普通的美国老人，勇敢地选择给重症失智的丈夫做大手术，她的三个继子女是否就会觉得她很伟大？临终救治中的合理和过度治疗的界限在哪里，这是琼瑶怒怼平家子女这段热闹八卦中容易忽略的问题，这个问题纠缠了美国社会很多年。

人生终点救护不问价，这在美国的医院里非常常见，没有人敢指责你是任性巨婴，你或者你的子女，在你人生的最后几个月，敢毫不犹豫地决定做大手术，换肝移肾等等，你的绝大部分医疗费用是联邦政府的社会医保和私人保险支付，你自己掏的钱很少。救护不问价等于给很多美国人一张空白支票，可以海了花。2009年美国哥伦比亚广播电视台CBS的"60分钟"节目，做了一则深度报道：《美国人临终看护的医疗价码》（*The Cost of Dying: End-of-Life Care*），关于美国医疗系统如何不惜一切代价救治重病的老年人；医院和各科医疗专家把医院的重症老年人当作医院创收的"现金牛"，摇钱树。接受治疗的病人和他们的子女对医保账单也并不审计，这样医院正好可以浑水摸鱼。

　　节目里展现了各种给老年人治疗的奇葩案例：85岁的老太太，身患重度心脏病和肾病，在生命的最后两个月，奔走于老人院和新泽西一家医院之间，给她看病的专家人数达到13个。即使她自己表示不想再治疗了，还给她做各种各样的测试，包括子宫切片这种通常给中青年女性做的妇科检查。她看过的专家门诊包括肠胃科、神经科，甚至还有心理治疗科，因为她说她抑郁。"都生命垂危了，怎么可能高兴得起来呢？"她女儿接受采访时说。

　　给93岁晚期癌症患者植入人工心脏起搏器，花费4万美元；给晚期癌症患者使用高级化疗药物，花费5.5万美元，这种抗癌"奇药"只延缓了病人一个月的寿命；最常见的老人救护案例，是71岁的直肠癌患者在大手术后昏迷不醒，在重症监护病房以每天1万美元的费用靠机器维持生命。美国人中有18%-20%的人在重症病房的昂贵医护中告别人世，这些生命垂危的病人在那里住了超过两个星期。节目采访到一个在重症病房住得最久的病人，住了六个月……用简单的算术，就可以估算这些天价花费。

节目采访到的最昂贵的手术治疗案例，是68岁的肝肾衰竭病人做了耗费45万美元的肝肾双重移植手术。制作节目时这个病人还活着，节目制作完成的时候，他因为多种手术后并发症，陷入昏迷，家属已经决定放弃治疗，"拔管"，让他平安离世。

以上案例中的每一个病人都是有名有姓的真实存在。

1993年1月新当选总统的克林顿入主白宫后不久，第一家庭就面临一个老人临终看护的问题。克林顿的母亲，弗吉尼亚·克林顿，1994年因为乳腺癌去世。原本她已经病了很多年，多次抢救，最后几星期在重症病房中昏迷不醒，告别人世。克林顿的母亲生前是护士，并不富裕，医疗保险全靠社保，她病危时的全部医疗费用都来自于联邦医保。当时老太太的身份相当于新晋"皇太后"，谁也不敢跟第一家庭提"医保卡上的钱不够了"这种不讨喜的话，老太太在重症病房住到"自然走"。但是反对党的媒体还是把这个话题曝光了，质问如果老太太不是克林顿总统的母亲，她还能在重症看护病房连着数星期住下去吗？这个话题很快被更多国家大事热点取代，没有媒体再继续跟进，但是美国医保系统中昂贵的临终看护问题，从那时起到哥伦比亚广播公司（CBS）的2009年"60分钟"节目深度报道，一直到现在，这个弊端不仅没有改善而且还变本加厉地恶化。

有一个说法，美国医疗把85%的费用花在美国人生命的最后六个星期，另外一个更常见的说法是"20-80"原则，即20%的美国人花掉80%的医疗费用，这个说法有多方数据支持，其中一个数据来源是奥瑞根州医保系统一家医护公司Care Oregan的统计，2011年该州25%的成年病人的医疗支出占全州支出的83%。在这些医疗支出里，住院费用绝对占大头。

一个移民洛杉矶的北京土豪说，在美国住一次医院做胃切除手术，花去北京一套房子的钱。而美国成年人75%是在医院里离开人世的，可见医院是整个美国医疗系统花费的无底洞。在2009年，美国医保仅花在病人最后两个月医院临终看护这一项的钱是550亿美元，超过国土安全部或者教育部的开支。这些花费中20%-30%是打水漂，没有任何医疗效果。过度治疗不仅没有减缓病人的痛苦，反而加剧了病人临终时的磨难。

1997年我的老外公在南京走的时候，虚弱的他拒绝再去医院，他说："一把老骨头了，跑到冰冷的医院给穿白大褂的年轻医生拨弄来拨弄去，又有什么意义？"对比CBS深度报道里的那些被各种专家测试，饱受先进医疗手段折磨的美国老人，八九十岁高龄换肾，换肝，伤筋动骨，老外公的选择真是睿智。这些美国老人接受过多治疗，有的是自愿，有的并非自愿，属于病人和家属子女被医院忽悠。

给医疗系统造成沉重负担的临终医护，除了老人，还有一个年龄组是严重身体缺陷的早产儿，包括那些身体只有两三磅重、发育不足的微小婴儿，这样的百万美金早产儿我就见过两例，他们是我身边朋友的孩子。对早产儿的天价救治费用在媒体的讨论中显然少于老年病人，原因大家心知肚明。

美国联邦政府的医保支出，一直是一个极其火爆的话题，所有人一提到医疗保险费用都是一肚子气。比如说我自己：2013年举家回到美国后，自己掏钱买医疗保险，保险公司是美国医保业巨头"蓝盾"（Blue Cross Blue Shield），全家两个中年人带两个孩子，每个月的保险费不过是560美金；过了两年奥巴马全民医保开始，按月交的保费陡长到1100美金，以后每年都涨，如今的账单一个月近1500美元，是四年前的整整三倍，而我们家在这四年中健康状况并无改变，也没有人住过医院。之所以个人医保费用翻倍，是因为奥巴马的"全民保险"国策中一些硬性规定影响到私人医疗保险产品市场的产品价格，比如全民医保规定女性必须买怀孕和生育保险，家有儿童就必须买孩子的牙医保险，诸如此类，这些"必须"使医疗保险产品的价格失去原有的弹性，你没得可选，要么掏钱买，要么就去申请全民医保，没有医保的话，政府会罚你款。

如果一切照旧，我也就忍了，蒙老天眷顾，我们一家非常皮实，平均全家每人每年感冒一次而已。但是最近我发现情况不对了，就连偶尔去诊所一次的140美元费用，保险公司都不给报销。原来年初新一季开始时保险公司已经变动了保险条款，我居住的周围这一带的医院诊所今年都不在蓝盾医疗保险系统内。按照蓝盾医疗系统"内"与"外"的区别，这唯一一次的诊所费用医保只付20美元，外加诊所给的10美元折扣，剩下的110美元要我自掏腰包。那么，蓝盾系统内的诊所和医院在哪里呢？我一查，离我并不远，55英里外，隔着一个大西洋的海水，在长岛！每个月交的医保月费如果不想打水漂，就得坐渡船到海对面去看医生。世界上最远的距离，是我和蓝盾医保的距离，中间隔着大西洋呢。

如果我不花这个冤枉钱，用奥巴马的全民医保会不会好点？不会的。我们公司里的一个程序员的女朋友怀孕，她原来是加拿大人，到美国跟男友团聚，申请"全民医保"。怀孕后找产科医生，找得好辛苦！他们打遍康州和纽约交界地区的产科诊所的电话，最后找到唯一一个愿意接受全民医保的妇产科医生，他在布朗士区，她的一对双胞胎也就是在布朗士医院出生的，布朗士医院什么样子，我就不说了。

2月时邻居几家人去北面的佛蒙特州滑雪，其中一个滑单板的孩子摔断了手腕（单板滑雪里最常见的事故，因为滑单板者摔倒时往往本能地会用手支撑）。医保外就医，费用大部分得自理，结果这孩子的妈妈为了节省医疗费用，当机立断，撇下正在山里滑雪的一家人，自己带孩子驱车5个小时回康州治疗，出发前她让滑雪场的医务室给断手的孩子把手臂固定，打一针吗啡止痛，然后开车回家。可怜为节省医疗费，美国普通人已经到丧心病狂的地步了。

我经常咬牙切齿地觉得，我们这些身体健康的中青年人，都是给美国的庞大医疗系统垫背的材料，我们就是那生产羊毛的羊们，"闻鸡起舞"中的鸡。有我们这些按时交税、交社保基金、交医疗保险的青壮年，"健康的大多数"，才有那些可以拼命花钱的20%的人。

2017年5月11日

谁是美国的"蓝血贵族"?

曾经流行过一句话，三代出一个真正的贵族，这话据说是20世纪80年代末从上海人中传开的，中国但凡涉及"贵族"话题的知识，基本都是从上海传出的，毫无悬念。时间单位上，一代是二十年，三代就是六十多年吧，一个甲子的轮回，历久弥新，酝酿出了那么一个……是不是出了真正的"贵族"呢？

三代如此，十三代、十四代如何呢？从美国这个历史短暂的国家可以看看。1620年102个英国清教徒乘坐"五月花"号船到达北美洲，这102个乘客每一个都有名有姓，被载入史册。其中一半的乘客在抵达后的一年之内在新大陆严酷的自然条件下去世。混得最好的，是姓温斯洛(Winslow)的一家。爱德华·温斯洛受了大英帝国的册封，成为开辟美洲殖民地的先遣官。爱德华·温斯洛家族在麻省普斯茅斯镇的旧宅，后来捐给"五月花号协会"做了博物馆和办公室。温斯洛家族的第十五代，是本小镇的温斯洛医生，主行脑外科手术，业余做儿童足球队的助理教练。我的所有关于"五月花"号后人的知识，就是从他那里来的，他女儿和我女儿都踢足球。

"五月花"号的后代，在美国现在大约有2000万人，已经到第十四、第十五代了。美国人口截至2017年5月30日是326 259 779人，按这个人口总基数，"五月花"号后代占人口的6.13%。"五月花"号后代中的名人包括布什家族，电影明星理查·基尔，南北战争时著名的将领尤利西斯·格兰特，一直到最近在政坛上很活跃的茶党领袖之一塞拉·佩琳。看看这几个名人，就可以猜到这2000万人里各色人等五花八门，有布什这种老钱蓝血，也有塞拉·佩琳这种阿拉斯加州蓝领阶层的代表。"五月花号协会"可以说是一个群众组织，没有私人俱乐部的低调奢华。

　　对比"五月花"号后代人丁兴旺，美国"蓝血"却一直保持真正的稀缺。"蓝血"有一个说法叫"WASP"（大黄蜂），这个缩写代表白人（White）、昂格鲁·萨克森种（Anglo-Saxon）、长老会信徒（Protestant）。美国著名的"大黄蜂"家族，现在硕果仅存的是洛克菲勒家族、布什家族、肯尼迪家族（他家是天主教，但他家不是蓝血谁还敢是呢？）。"大黄蜂"不是想当就可以当的，还有一套客观认证标准。简单地说，在每年出版两刊的《社交名册》（Social Register）中，看看有没有你的名字，如果你位列其中，恭喜你，你是真正的美国蓝血贵族。

　　我第一次看到这本薄薄的黑色真皮封面、橘红色字的名册，是1998年。那时我根本不知道它为何物，偶尔在旧书店里见到，1993年5月版，里面一共2.7万多个成员。成员名字后附有家庭地址和电话，还有奇怪的符号，比如P、Sfg、Oakley、Our Lady of the Lake。这本旧书我没有买，后来很是后悔，因为过了好多年才知道旧版《社交名册》流传在市面上的并不多。至于那些符号，分别代表了：贵族成员毕业的母校，P代表普林斯顿；所在的乡村俱乐部名字，比如Sfg是"旧金山高尔夫俱乐部"；Oakley是夏天避暑之宅子的名字，这个信息在5月版才有；Our Lady of the Lake是游艇的名字……配置一个老钱蓝血的低调奢华的人生要素，比如家庭遗传、婚姻配偶、教育、房地产、社交俱乐部，等等，基本都可以在这本小册子里找到信息。

1993年美国人口是2.5亿，荣列《社交名册》的2.7万多枚货真价实的蓝血，占了总人口的0.01%。这个万分之一的比例，从1993年起，到2014年出版商福布斯出售《社交名册》的发行权时，当年的成员人数只有2.5万人，连万分之一的比例都不到！可见传统定义上的大黄蜂贵族在美国属于濒危品种。获准进入《社交名册》，必须通过一个匿名的委员会的考察，由五位现有成员推荐。《社交名册》自从建网站，网站上最多的抱怨，是某某钱没有我多，读的学校没有我好，为什么他进了我却不能进这种。《社交名册》过去对影视名人、新富、犹太裔、有色人种都避而远之，奥巴马总统现在可以进名册因为他是美国总统，财富500强家族也可以放行，可见评分标准宽容了许多。

《社交名册》最早发刊于1886年的纽约，是在纽约发家的荷兰和德国移民的社交花名册，所以纽约地区的阔人老钱在名册中占了主流，话说纽约无论是在犯罪率还是富人云集程度都在美国名列前茅，没有一项指标落后，出产富人巨贾也出产骗子瘪三。

这个名册在美国有126年出版史，最鼎盛的时候有十几个城市的分册，比如底特律分册、巴尔的摩分册、克利夫兰分册、俄亥俄戴顿市分册，到1918年以后财富基本集中化到东部几个大城市，《社交名册》第一次出版了全国综合版。100年后底特律市已经破产，巴尔的摩有最乱、犯罪率最高的贫民聚集的内城，俄亥俄州是中西部锈带的代名词。100年前这些地方居然曾经是社交名流云集的锦绣之乡，这种工业结构变化带来的财富变迁，对城市人口的冲击，不啻沧海桑田。

出版商也承认现在的主要订阅者是老人，为吸引年轻一代新蓝血，更玩起了社交媒体，虽然服务对象是一个封闭安静的金字塔顶的一小群人。在资讯发达，网络上什么都有的现在，《社交名册》对美国社会已经没有参考价值，它更多的是文物价值，给家族史爱好者提供追根溯源的凭据，享受旧刊索引的乐趣。比如有些著名大家族的子孙后代，可以通过旧刊，找到家族中先人避暑的地方，然后按图索骥，查那个地方的地区档案、地方报纸的旧刊，可以搜索出家族先人在当地报纸上刊登的旧照片。蓝血如彩云易散，《社交名册》变成文化化石。

在我住的康州这一带，几乎每一个小镇，都有一个之前的阔人捐献的地产或者公园。比如离我家不远的水禽公园，占地100多英亩，就是20世纪初一个电影明星所捐。临镇占地300多亩的威武尼公园，来自于德克萨斯石油公司的创建人兰芬（Lapham），那里曾是他家过去的避暑山庄，现在建了巨大的露天游泳池供全镇孩子夏天避暑。威武尼庄园里的宅子，最后是卖给镇里，并不能算纯捐献。

而佛罗里达州迈阿密市最著名的风景点，维斯卡亚（Vizcaya）园林博物馆，维修费用巨大，被阔人的子孙当作烫手山芋一样扔给政府，政府因为怕承担维修费用也不想收，僵持多年后几乎被飓风摧毁。这些园子代表的旧时风流，现在都被广大中产阶级分享，"原来姹紫嫣红开遍，似这般都付与断井颓垣"。

现代美国不是没有贫富不均，反而是贫富悬殊，但是阔人们不再玩园林、拼名册，现在流行"末日计划"，移民新西兰躲起来了。

2017年6月26日

留学生们，欢迎来到真实世界

自从国内各种校友微信群出现后，寻人消息在美国海外华人群体里流传得非常快。章莹颖失踪是在2017年6月8日，之前5月20日有另一则寻人启事在微信上流传，那是加州州立大学圣塔芭芭拉分校一个叫辛迪·邱（音译）的女生在登惠特尼山时与同伴走散失联。经过三天搜救，警察于5月23日找到这个跌下六十尺冰瀑布的女生的遗体。新闻发布会的警官说："在这种恶劣天气下独自在山上走失，基本凶多吉少。"从搜救照片看山峰完全冰冻。所以当章莹颖失踪消息最初传来时，我还以为是类似的走失案件，几天后就会有下落，没想到章学妹真的遭遇绑架了。

根据美国教育协会（IIE）2016年11月发布的统计，2015到2016年间，美国的国际学生数量超过一百万，中国依然是美国最大的留学生生源国，连续七年保持这个"第一"的纪录。共有32.8万中国留学生在美，占总数的31.5%。随着留学生总人数的增加，"出事"的次数自然也多了，负面新闻上头条曝光自然也增多，学业作弊，同学间霸凌现象，在异国遭遇车祸或者人身攻击等等。但白天在街上被陌生人绑架，这种还是属于小概率事件，我在美国生活的二十多年里，第一次听到留学生在白天被绑架的新闻（最新的警方消息，绑架者已经抓获，他是同校的博士生，章莹颖生还的可能性不大）。

为什么说绑架是小概率事件呢？举一个例子。2007年有一个轰动世界的走失儿童成功营救案，在密苏里州偏远的乡下，有两个走失的男孩被发现并获得营救，这个案例被称作"密苏里奇迹"。"密苏里奇迹"在当时引起相当大的震动，公众注意力开始关注美国社会的儿童走失案。CNN新闻调查节目"360度视角"跟进报道，找到联邦司法部下属的"全国走失和被绑架儿童数据中心"（NCMEC）的公开数据，这个数据是这样的：每年美国有80万儿童报失踪，每天超过2000起。

但是细看下去，却发现这80万走失或者被绑架的儿童中，20.3万属于被家庭成员带走，相当一部分未成年人是被家庭赶出家门，或者自己离家出走；涉及陌生人被拐走的案例是5.82万人；而这五万多起案子中，最后真正发展成刑事绑架案件的是115起，包括"绑架凶杀""绑架勒索""绑架失踪"。按2007年的美国总人口3.11亿计算，刑事绑架罪的发生率是0.00000037，百万分之零点三七。同胞同心，即便是小概率事件，对于留学生社区来讲也是分外突兀心惊，我每次想她都觉得心痛。

撇开社会差异和制度原因不谈，美国生活安全问题最大的隐患，一是车祸，二是枪支。对于人生地不熟的留学生，初到异地，出车祸送命的可能性远远大于被绑架，也大于遭遇枪击案。

车祸的隐患，基本在美国各处都存在，没有贫富差别。汽车的普及，让它成为日常生活不可或缺的交通工具，高频率地使用，闯祸出事的可能性也越大。

驾车的常识，是美国生活的第一课。这第一课在美国人生活中一般是由父母教给孩子，耳濡目染，潜移默化而来的。但是留学生却没有这种条件，开车行路的常识全凭自学，靠错误和事故来积累经验。在美国华人酒驾的事并不多，出事最多的原因是疲劳驾驶。

我还记得我学会开车的第一年寒假，跟同学冒着大风雪开车去东部。当时没有安全行车常识的我们，几乎犯了所有远途驾驶的忌讳：恶劣天气下冒险开车，为赶路和省钱连夜驾驶，疲劳驾驶而不愿停下来找旅馆休息，租了最小号的经济型四门轿车，却在里面塞了六个人。只要一个环节出错，都是致命的。深夜在暴风雪中，我开车打瞌睡，几乎跟一辆大卡车追尾。老天保佑，有惊无险。第二天晚上，我无论如何都不敢再熬夜赶路了。

疲劳驾驶而导致致命车祸，不只是初到异国的留学生才犯的低级错误。近年几次华人游客大巴翻车事故，都是因为恶劣天气下的连夜驾驶所致，司机把车开出公路，或者撞在公路边的隔栏上。最近的一次悲剧，是加州两个家庭连夜开房车去迪士尼，在凌晨把车停在高速公路的紧急车道上，被后面冲过来的车撞翻后起火。

至于说富二代买入豪车后在公路上飙车，这种风景已经不止于美国。

再说到枪支泛滥带来的治安问题，这真的是美国社会的毒瘤。美国各地的治安指数极不均匀，好坏因地而异，差别极大。这种治安水平的不平均性质，让一些留美生活经验谈缺乏普适性。比如南加州所在的洛杉矶市下城和加州大学洛杉矶分校(UCLA)，在治安上天差地别。

洛杉矶素来治安就差，南加州大学所在的地段又是这个巨无霸大都会治安最差的下城。但是南加州大学又是留学生最喜欢去的学校，2015年–2016年它集1.3万名留学生高居美国大学之第二，排名第一的是纽约大学，它有1.5万名留学生。过去几年上头条新闻的留学生被袭击的案件，比如2012年4月11日的男女恋人在宝马车内被枪杀，2014年纪欣然晚上遇害，都是发生在南加州大学。

这两起恶性凶案后南加州大学再次加强校园警力，路边街角增加了许多"黄马甲"民警，学校大楼的门锁加了指纹辨别功能，但无论南加大的校友怎么跟我强调学校加强治安举措如何给力，我晚上都不敢单独行动跑到校园以外去喝咖啡的。

说一句政治不正确的心里话，南加大校园外，马丁·路德·金大道上，天黑以后像僵尸一样在路上闲逛的黑人，浑身刺青腰上别枪的西裔小混混，毒品贩子开着豪车，把车的音响开到震耳欲聋停在路边，那种景象跟我熟悉的康州州立大学夜不闭户，半夜都有人在路上跑步完全是天差地别！章莹颖案后有人问我是不是美国治安不好，晚上都不能出门？那要看你在哪里。

同在洛杉矶，UCLA校园却是安全得多，那里是大都会的上只角，美国的治安原则是"越有钱就越安全"。同在一城，好社区和坏社区的差别不要太明显！越有钱越安全背后的原因，是美国都市没有财力和行政手段实施拆迁。个人如果对社区治安不满意的话，经济条件允许自然就会搬家，孟母三迁另寻好的社区。这种逆淘汰的过程，导致最后城市下城留下的都是最穷的人，住设施和治安最差的房子。体面人搬走，黑帮和毒贩则搬进来，很快就形成一个脏乱差的贫民窟内城。比如芝加哥的下城，是毒贩枪战频繁的地方。社区的治安差异很容易形成口碑，也就是留学生中常常流传的"哪里不能去"的说法。

除了治安问题，初到美国生活的留学生，遇到的最大文化差异其实来自于自然环境。说来真让人哭笑不得，留学生遇到的最大的变化，是我们从原先稳定恒温的家长老师呵护的小环境，忽然进了一个真正的世界。比如前面提到的在惠特尼峰坠亡的就是一个例子；加州跑步被山狮袭击，爬山被响尾蛇咬到，鞋子里钻进黑寡妇蜘蛛，被咬到会送命，林子里走路遇到熊……

从一个个稠人广众的校园，空降到一个人口稀少，叫天天不应，叫地地不灵的地方。过去只要读书好就是好孩子，忽然之间光是读书好还不够，你得搞定自己生活，照顾好自己不出事。这种生存环境的改变，其挑战性不亚于"五月花"号初登陆北美。《绿野仙踪》里有一句话："桃丽丝，你已经远离堪萨斯了，你上路了。"

2017年7月1日

混乱的美国，
让我无法直面一个 9 岁孩子的困惑

女儿上四年级，最近显然学校在"整风"，放学后不停地听到谁谁又被叫到助理校长室谈话，因为说话用了脏字；谁谁收到书面批评——这个比较严重，需要家长、班主任和助理校长同时签字才算过关，每一次签字都要把所犯之错叙述一遍，相当于三堂会审的惩罚。我好奇，问所错者何？跟老师回嘴，talkback；最严重的一个被停学一天，"停学"不常见，原因也是回嘴，且舌战的时间比较长，扰乱了课堂纪律，老师退出教室，请来了助理校长。

女儿胆小，自己不敢犯事，但作为围观群众看了很多热闹，所以每次学校"整风"她都很兴奋，因为有戏可看，看热闹不怕事大。最后女儿总结："要是你当了总统，什么错都可以犯，什么话都可以说，不怕被停学了。"

我立刻想反驳她，哎？不能这么说啊！总统受到媒体监督受到国会参众两院的制约，他是国民行为的表率……

话到嘴边，我还是哑口无言——于今时代的美国和美国总统，谈得上什么表率呢；于今的国会议长，多数派领袖，民调比总统还低呢，比总统还招人烦，对总统言语不逊又可能有多少制约呢？

现在的美国，价值观有点乱，有悖常理的事情太多了，而且都上头条新闻，这些头条新闻没有一件能对一个9岁的女生说清楚。

拿好莱坞金牌制片人哈维·韦恩斯坦长期性侵女演员一案来说。民主党自由派的第一表现是集体失声，他的政治捐款最大的收益人，一是希拉里·克林顿，二是前总统奥巴马，没有一个站出来谴责的。

如果说虚伪是文明必须付出的代价，没有什么比这时的好莱坞最虚伪最团结的。韦恩斯坦对女演员潜规则，好莱坞人所皆知，甚至在情景剧里还当作笑话调侃；《纽约时报》《纽约客》《纽约杂志》等媒体多年调查的专题新闻，最后浮出水面的，是《纽约时报》上的3500字的陈述。迪士尼公司跟他合作的十二年中，他对女演员的调戏、咸猪手和直接强奸，是迪士尼管理层最头疼的需要全时紧急公关的"烂污"（没有之一）……

之所以这么多年来韦恩斯坦都被罩着，是因为他在好莱坞法力无边，又是好莱坞给民主党圈钱献金最大的金主；曾经被奥巴马总统邀请做客白宫13次，给希拉里竞选捐了几十万美元。仅2016年他牵头给希拉里在好莱坞搞竞选募集大会，出席的就有大明星莱昂纳多·迪卡普里奥、凤凰女罗伯兹等等。克林顿团队专门给韦恩斯坦做讲演训练，让他去电视台CBS替希拉里站台说话；作为回报，韦恩斯坦给克林顿竞选团队主席穆克出谋划策，教穆克怎么对付初选时最大的竞选对手伯尼·桑德斯……

可以想见，韦恩斯坦这样一个民主党的铁杆支持者，他对女演员的性侵丑闻对民主党是多么巨大的负资产，他的丑闻就是民主党的丑闻，因为民主党和自由派们对他姑息遮丑已经好多年。

梅丽尔·斯特里普也就是中国观众说的"梅姨"，坚持说从来没有听说过她的好朋友韦恩斯坦这些烂事，她对韦恩斯坦的名声的背书在《纽约时报》的新闻曝光出来以后都没有动摇，在韦恩斯坦已宣布无限期休假后也没有动摇，但是当韦恩斯坦做总裁的电影公司"米拉麦克斯"把他开除了，梅姨谴责宣言出台了。韦恩斯坦之所以被自己一手创立的公司开除，是因为公司的董事长也是他的亲弟弟下毒手清理门户。梅姨的谴责来得太及时也太安全了，她过去在奥斯卡颁奖典礼上不止一次给韦恩斯坦吹法螺，极赞他的鼎力支持和独到的艺术眼光。

所以，好莱坞精英们这回跟他们一直批评的政敌特朗普一样下不来台了。特朗普比韦恩斯坦好在哪里呢？"摸私门"在情节上比韦恩斯坦略微轻一点，是丑闻但没有到刑事案件的地步，韦恩斯坦给自己辩护时拿特朗普做自己的同党，"他不也被选民宽恕还进了白宫了嘛。"这变成道德败坏比差游戏，也是两党虚伪度的比差游戏，结果虚伪的民主党败给了虚伪的共和党，美国选民把票投给了特朗普。

金牌制片韦恩斯坦的丑闻只是这一年来美国精英的丑闻之一，没有最差，只有更差。再比如2017年8月英国《每日邮报》报道了美国前副总统环保主义者戈尔在田纳西的家里的用电量。

《每日邮报》引用"美国国家政策研究中心"收集供电公司的公开资料，调查戈尔在纳什维尔市的一处住宅的电量情况。

从2016年6月到2017年7月这一年间，戈尔家每月平均用电量为19241度。相比之下，美国家庭平均用电量仅为901度。戈尔的用电高峰是2016年9月，他家这个月的用电量达到了30 993度，是美国普通家庭的34倍。戈尔这一年的电费几乎花了22 000美元，政策研究中心高级研究员杜鲁·约翰逊指出："戈尔的用电量对他的钱包和地球环境都不是很友好。"

最奇葩的是，戈尔这只电老虎，还是离婚后独自居住，他还有另外两处房产，也就是说这个在国内可以供20人小厂的用电量，若不是一人独享就是纯浪费，按人均电消耗算，电老虎更是巨大。戈尔是推动环保意识和全球变暖的急先锋，推动各国政府对全球碳排量进行立法管理，因为他"为改善全球环境与气候状况做的不懈努力"获得2007年诺贝尔和平奖。

这项报道给我的感觉很荒诞，即便不把戈尔归在虚伪一类，至少他完全没有意识到自己资源浪费的行为，才会这样年复一年空开着恒温游泳池。另外一方面，也说明精英生活跟美国普通人相差有多远，精英对自己的不自知，更加剧了"何不食肉糜"。情感隔膜，贫富悬殊，三观不一，还有比这更大的社会阶层鸿沟吗？

美国精英和普通中产阶级以及底层穷人之间越来越远的距离，是一个旷日持久的话题。在政治上摇摆不定的中产阶级，从2016年大选上看，已经倒向了保守的共和党。希拉里代表的民主党变成一个纯蓝色的东西两岸的精英党。这一点，身为媒体精英的罗德·德瑞埃（Rod Dreher）是亲身体会。

德瑞埃何许人也？他是现今美国最重要的政治和基督教博客撰写人，博文的阅读量每月达到百万次。他在华盛顿记者俱乐部做讲演时，主办方为了最大限度地容纳听众，只允许站票。德瑞埃出生并生长于路易斯安那州的人口仅1700人的小村镇，高中时就开始关心政治，听媒体的时事评论节目，读海明威的《流动的盛宴》，而不是随父母兄弟一起出门打猎。德瑞埃家里穷到猎杀松鼠用松鼠肉改善伙食。

德瑞埃高中毕业后即离开家，成为著名的编辑、专栏作者、影评人，但在路易斯安那州的老家里并不招待见。他的妹妹在当地中学教数学，而他发表在《纽约邮报》影评的收入，可以抵得上妹妹几个月的收入，他的妹妹无法理解他在东岸做媒体精英的生活。

家乡人之间的抱团，竭诚友爱，对基督教的虔诚，让德瑞埃感动不已，感动到他决定举家从费城迁回路易斯安那州，空降回自己的生于斯长于斯的故乡，他要重新做人。这种知识分子对故乡爱恨交加的精神轨迹，自20世纪初从鲁迅的《故乡》开始，曾经是典型的启蒙运动中知识分子回归大地的举动，结果都很不堪。

如今在后现代的美国，苹果电脑不离身的德瑞埃再度悲剧重演，德瑞埃成为家中最招人烦的人，没有人喜欢他，更谈不上理解他。他把自己的家庭（妻子加三个孩子）连根拔起回到故乡，连自己的父亲都觉得没有必要。他管自己的父亲叫作"南方保守的基督徒"。在家乡不尴不尬过了两年后，德瑞埃黯然回到费城，沮丧到陷入忧郁症。

这段经历，这种媒体精英和南方底层的矛盾与隔膜，后来被德瑞埃写在书中反思。他引用波兰哲学家齐格蒙特·鲍曼对后现代社会的观察，鲍曼认为技术进步让后现代社会具有"液体性质"，任何社会体制都会在这场洪水中被瓦解冰消，宗教首当其冲。比如社会精英，他们的财力和人脉使之可以随时随地在地球的任何地方生活，家乡观念和地方性不复存在。

技术进步和资本进步是美国不可避免的社会潮流，势头已经不可阻挡，所以原来固有的价值观岌岌可危。这也是我对小女的教训无法自圆其说的深层原因，因为那个原先固定的因与果，那个普通人的价值判断所依赖的框架，已经摇摇欲坠。

2017年10月15日

还能安静做一个普通女性吗？

汉娜和她的姐妹们

《汉娜和她的姐妹》，是伍迪·艾伦电影的名字，被一个朋友来命名她组建的文艺微信群，结果这个文艺群像电影里并不和谐、见面就吵架的三姐妹一样，要么默默不语，要么大吵，还没有人退。知识分子扎堆的地方龃龉和吐槽是常态，甭管取什么名字，我这个潜水者不肯退群就是因为这个名字。《汉娜和她的姐妹》是我心仪的文艺电影，其中的姐夫和小姨子偷情的桥段，引用的那首著名的库敏斯的诗，我曾经找来原诗译成汉语，那是1996年的事了。

译诗的时候，我在纽约的一家中餐馆打工，负责接外卖电话，福建老板看见我偷偷摸摸写字特别好奇，结果发现我在搞诗，他很愤怒："小姐啊，拜托外卖单子的税别算少了就行啦，你还有心思写字啊！"纽约市的税比别的地儿稍复杂，有市税和州税，加起来快10%了，如果不小心漏了损失不小。

伍迪·艾伦的电影《无线电时代》里有个杞人忧天的小男孩，他妈妈提醒他："你还担心什么宇宙大爆炸，你连家庭作业都没做完呢！"那口气多像福建老板，还有我的奶奶："你当三好学生可以啊，但脚这么大怎么嫁得出去啊！"被划成"地主婆"的奶奶是裹脚的，她一辈子对女人脚的尺码都耿耿于怀，习惯性地担心，她一直觉得像孙女这样风风火火过于活泼好动，会把脚走大了，有损于淑女气质。

伍迪·艾伦经常让我想起我生活里的这些人，这种共鸣按理说不应该，他电影里人物不是美国东岸的白人知识分子，就是纽约的犹太小业主，他们的生活圈子跟开餐馆的福建人（"才从偷渡船上下来的"），浙江温州乡下裹过小脚的老人完全是平行宇宙，但是伍迪·艾伦电影描述人生困境，那种荒诞、卑微里的温暖，善良人的狡黠是普世的。我甚至把伍迪·艾伦那个瘦弱矮小、猥琐眼镜男的形象，跟赵本山在自己小品里演的那些小人物联系起来，要说三俗，伍迪还不够三俗吗？《解构爱情狂》里满篇脏话，在公共图书馆教8岁的小男孩儿给自己的"那话儿"取名字。

《解构爱情狂》能算是伍迪最低俗的作品吗？至少是他的作品中最愤世嫉俗吧。解构完了，伍迪又回归对自己和美国电影业的玩笑，比如《好莱坞结局》那个忽然失明但拼命隐瞒失明、坚持拍片的成名大导演，连镜头在哪里都不知道，在片场敷衍全靠助手扶着、连拍带比画，最后杀青的片子当然完全失败，没有观赏价值，导演羞愤到差点割腕自杀，咦！居然凭借镜头的"诗意和随意性"在法国电影节拿到大奖，这种痴人说梦一样的大团圆正是点题"好莱坞结局"。

2000年以后伍迪终于离开纽约到欧洲拍电影了，但最突出的作品还是描写美国本土"金融危机"的《蓝茉莉》。《蓝茉莉》是改编田纳西·威廉斯的经典剧《欲望号街车》：破产后神经兮兮的女一号布兰奇来南方小城投奔蓝领阶层的妹妹，她的曼哈顿豪华生活的前世，跟当下南方生活的闭塞、走投无路交替穿插，过去和现在穿越自如，这种梦回往事的手法是伍迪·艾伦最拿手的；在曼哈顿的阔人生活场景里夹叙夹议着伍迪的知识分子毒舌评论，不停地逗比也不停地拿自己开涮，这种伍迪特色是田纳西·威廉斯的原著完全没有的。在大师的肩膀上，伍迪还是忍不住要做他自己。

伍迪因为跟韩裔养女宋宜的绯闻，跟前妻蜜亚·法瑞撕了很多年。蜜亚也不是个省油的灯，在他们离婚以后多年，每每风波开始消停时她就放一些新料给媒体，就不想让伍迪过安稳日子。最近一次的料，是她故意在推特上透露，她和伍迪唯一的亲生儿子罗兰"有可能"是前前男友、歌手辛纳屈（Sinatra）的种，这料爆出后全美哗然。

最后已经成人的罗兰自己出来解围，他说难道我们不都是辛纳屈的孩子吗？辛纳屈一生风流倜傥，他的歌是二战后无数美国人的青春歌唱，要说美国人都是辛纳屈的孩子，一点都不为过，精神和情怀上辛纳屈绝对是永流传。罗兰急智，既替母亲解围也没有得罪伍迪或者辛纳屈，报界评论这种以一句笑话改变局面的本事，反而证明他是伍迪己出，蜜亚闭嘴了。

罗兰不仅英俊懂事，还是学霸。

伍迪现在已经是电影界元老级人物，变成权威就不好玩了，前几年的小电影《午夜巴黎》根本没有多少戏却大明星云集，连前法国第一夫人布鲁尼都来跑龙套，演个枫丹白露里的讲解员。电影穿越回20世纪20年代的巴黎，复现了海明威《流动的盛宴》里那群文人画家，在我看来更像夫子自道，只有老人才能如此平静地回忆往事。过80岁生日，坊间在重温他说过的关于长生不老的段子："我不要在记忆中永生，我宁肯在自己公寓里永生。"

永生不永生的不知道了，有一点我相信，汉娜有很多姐妹，其中一个是那个微信群。

附上库敏斯①的诗：

至地至境，我从未到达

至地至境，我从未到达

你双眸含寂，

用微妙的姿势包围我，

又抛弃我，如临界的浮尘

你漫散的一瞥，轻巧地将我打开

虽然我心扉紧闭，像握起的拳头

一瓣接一瓣，如春天开放她最早的玫瑰，

动作圆熟，屏息神秘

或者，你又愿意，将我关闭，

---

① 库敏思（1894.10.14 — 1962.09.03），美国诗人、画家、散文家、剧作家，通常以小写的缩写名 e. e. cummings 称呼，20世纪英语文学中的重要人物。

令我的生活，怦然关上，

仿佛那朵玫瑰花的心，想起

大雪肆落，弥漫世界

我感知的一切，没有什么能抵挡你

你惊鸿般的柔弱，幻形无色

囚缚着我，

操纵生死，万劫不复，只需你

每一次，吐气如兰，

（我至今无法琢磨，究竟是什么

你的什么魔力，将我收合自如，

仿佛只有身体才能理解，

你双目传达的声音，深邃超过世间所有的玫瑰）

没有谁，没有什么，包括雨滴生有如此娇小的手

2015年12月2日

我爱杀我的那个

2015年12月8日BBC文化部发布媒体和书评人选出的英国文学史上的最佳小说榜单，不出意外《呼啸山庄》位居第七，历来排名这部书从来没有跌出前十；还有一个有趣的现象，前十名榜单除了狄更斯（以《大卫·科波菲尔》和《远大前程》入榜）、萨克雷（以《名利场》入榜）外，其余都是女作家。

初读《呼啸山庄》的中译本时我还是初中生，懵懵懂懂，周围有好多《呼啸山庄》粉丝，其中包括我爸爸。当时我并不知道哥特风格，只觉得这故事近似于死亡摇滚，居然能在中国赢得那么多文艺青年的心，简直匪夷所思，要知道此书1846年初版时连一部分文明的英国读者都吃不消，有评论说除了人名地名以外完全不像英国的故事。

哥特风格大而化之地概括，就是以尖锐、浓郁的暗黑风格表现尖锐浓郁的情感，这种重口味的文艺范儿在中国并不少见，比如大学时有次听一男生朗诵他搜集的陕北信天游，其中一句"米脂的婆姨绥德的汉，清涧的石板瓦窑堡的炭……嫁人要嫁杀人犯"，这有多刚烈有多怨结！搁在今天还是极端政治不正确，

《呼啸山庄》里有几乎一模一样的话："我爱杀我的那个！"（I love my murderer！）

我记得信天游被河南口音的普通话念出来，满满的硬气，把20世纪80年代校园那些花前月下的浪漫比得弱爆了！那时还没有新民歌，也没有人唱"黄土高坡"，当然也没有"我的野蛮女友"，唯一认知坐标，就是《呼啸山庄》，哥特，疯狂，开篇就是凯瑟琳鬼魂不散半夜三更来闹鬼，"我已经等了二十年了"，希斯克利夫忙不迭打开窗户，让暴风雪进窗，欢迎她回来，一切的噩梦，执与痴，都是真的，因为真情是真的。

真情下没有禁忌，包括所有文化里的大忌讳，开棺抢尸，在这本小说里都有，天人永隔，呼天抢地，希斯克利夫完全是愤怒的疯子，文明规矩在他的悲痛欲绝里算什么啊，荒凉和孤异是他通向普通世界的唯一道路，这种放肆淋漓的情感，估计是最吸引读者的地方，不猥不尿。

感情强度唯一能与《呼啸山庄》比肩的，是早了近一千年的汉乐府："上邪！我欲与君相知，长命无绝衰。山无陵，江水为竭，冬雷震震，夏雨雪，天地合，乃敢与君绝。"这还不一定是汉人写的。汉乐府是誓言，属于正能量，《呼啸山庄》这部哥特作品，主要篇幅都在写三代人之间的折磨和煎熬，因了社会地位、人心虚荣，最后是幽冥永隔这些不同形状的作。我甚至不记得书中有过关于男女主人公岁月静好的描写，一个黑色的孤儿转眼就长大，他跟主人家大小姐的感情，大部分时候是劫，很小一部分是缘，注定没完没了的猜疑，折磨，作，这三样是古今中外不变的爱情真理。

艾米丽·勃朗特只活到30岁，极度羞涩内向，她流传下来的唯一一幅肖像，几乎就是她的精神个性概括：紧张、激烈、孤独、不愿被人知，她的小说无论是野蛮程度还是肉欲程度在当时的英国都是犯忌讳的，不愿为人知是一种自我防卫，也是获得写作大自由的一个办法。艾米丽这部唯一的小说当然是夫子自道；书出版时是以男性笔名发表，读者也坚信不疑作者的男性身份，直到艾米丽·勃朗特去世，她姐姐整理她的遗物，才发现她就是这本畅销书的作者。这个细节，好像随着艾米丽的去世，世间同时消失了两个人。

出身贫寒的勃朗特三姐妹虽然才华横溢但都没有婚嫁资本，由此联想到英美文学史上的一个突出现象，未婚未嫁的女作者群落，勃朗特三姐妹是一组，写诗的美国诗人艾米丽·狄金森是一个，英国小说家里的简·奥斯丁自成一个岛屿；伍尔芙嫁了，但是她的开放、无性婚姻等于没嫁；有传说简·奥斯丁曾经有个真心实意的追求者，那时奥斯丁已经近35岁，她反复思量最后还是拒绝了这最后一次出嫁机会，这个追求者转而另寻佳人，婚后生了十个孩子！幸好奥斯丁拒绝了这桩求婚，我们今天才能够读到《傲慢与偏见》《爱玛》《理智与情感》这样的光辉作品，倘若选择嫁人奥斯丁也就是十个孩子的妈。

除了这部横空出世的小说，艾米丽·勃朗特还有20首诗，跟姐妹合集出版。其中一首，我在多年后偶尔读到，读罢忽然明白，这首诗等于是《呼啸山庄》的精神预言，跟小说是互文关系，我擅自翻译如下：

常常被击退，但总是回来

我那些与生俱来的情感

且停止追求财与学

为求梦见那些一无所知

今天，我不想求索阴影中的玄国

巨大的空虚如蜡斑驳

绝妙美景升起，浩浩荡荡

让那不真切的世界奇妙地贴近

我将步行，不走古老英雄路

也不走道德阳关道

半明半灭的脸

一眼望不到头的历史，非我所愿

初心指引

它指向另一条路

那里，灰色的羊群在长满蕨叶的幽谷中寻寻觅觅

那里，野风在山间肆烈，无休无歇

那些孤独的群山到底要显示什么啊

光荣与悲怆，超出我的知觉

大地唤醒我这一颗心

天堂与地狱

一念两世界

同在我心的中央

这是艾米丽·勃朗特的人生宣言。

这首诗可以当作《呼啸山庄》的镜像来读，开篇"常常被击退，但总是回来/我那些与生俱来的情感"可以看作凯瑟琳和希斯克利夫的两小无猜（"与生俱来的情感"），延绵一生，"常常被击退"（凯瑟琳另嫁，希斯克利夫远走他乡），"但总是回来"，一直在纠缠。艾米丽既拒绝宗教（"阴影中的玄国"），又对社会俗务无心（"停止追求财与学"），她选择的路是在荒野中漫步，任由初心指引，最后艾米丽致敬她出生和生长于其中的英国北部的冷山，孤寂的沼泽地，这是她疯狂执念的天堂和地狱。极有情的人被惦念于最无情最荒寂的风景中，这是文学写爱情的最高境界，宋词里唯一写这种大无情中的痴情，是姜夔的"淮南皓月冷千山，冥冥归去无人管"，"皓月冷千山"近于无菌的世界，没有幺蛾子，没有怨男痴女的作，不好玩了。

我的《呼啸山庄》读了大半辈子，它在全世界的读者都多少代人了，看BBC小说榜单的架势我相信读者自有后来人。作者艾米丽·勃朗特连书的初版都没有看到就离世了，按她的性格看不看到无所谓，但她一生钟爱的荒山沼泽因此在世人眼里多了一道永恒的风景。

2015年12月13日

命中注定的凤凰女

西尔维娅·普拉斯（Sylvia Plath，1932—1963）是20世纪美国杰出的女诗人，她的诗作、小说已经由漓江出版社翻译出版，承漓江总编不弃，由我翻译的普拉斯部分书信也即将杀青。

普拉斯一生非常短暂，只活到31岁。但像所有划过天空的流星，她无论是才华还是容貌风采都极为出色，惊为天人。作为一个早慧的诗歌天才，她8岁起就在人文荟萃的《波士顿先驱报》上发表诗作，此后一路获奖无数，无论是诗歌还是绘画方面普拉斯都很早显示了卓越的天赋，她的钢笔画至今陈列在母校的博物馆里。在史密斯学院，才貌双全的大学生普拉斯是一道风景，追求者踏破门槛。

毕业后，她成功获得"富布莱特"奖学金，去英国剑桥大学深造，顺风顺水。在剑桥校园，她结识了英国当时的新锐诗人泰德·休斯，两人堕入情网，数月后在伦敦秘密注册结婚。休斯那时在英国诗坛已经声名鹊起，一直被众多粉丝环绕，被无数文艺女垂青。普拉斯成功地把休斯从别的女人手里夺到，两个头角峥嵘、野心勃勃的年轻诗人结合成家，并且很快有了孩子。婚后生活并不顺利，经济上的压力，频繁搬迁，使普拉斯和休斯的姻缘陷于暗流涌动中。

在第二个孩子出生后不久，休斯移情别恋，而且不止恋了一个女人。他们于1962年正式分居，但没有签署正式的离婚协定，这给以后有关普拉斯著作遗产的种种撕与斗埋下伏笔。1962年末是英国历史上最寒冷最漫长的冬天，普拉斯独自在伦敦带了两个幼小的孩子过活。抵得过寒冷却抵不过抑郁症的压迫，普拉斯于1963年2月10日自杀。那个时候距普拉斯第一本小说《钟罩》出版不到一个月。

普拉斯的诗歌、小说，连带与休斯的感情纠葛和事业竞争，文学、八卦、男女之情，在之后半个多世纪吸引无数眼球，无论是严肃文学界、诗歌评论界、女性研究者，还是好奇的普通吃瓜读者，对普拉斯这样一个美丽天才，像着了魔一样有兴趣。在去世以后十年她被目为美国诗歌的女神，光传记和回忆录就有七八本，对她的诗歌研究著作更多。连好莱坞都来凑热闹，2003年大明星"玉女"格温妮斯·帕特洛主演了《希尔维亚》，把普拉斯和休斯情变故事搬上银幕。

普拉斯的自杀公案，在欧美从来都没有降温；而普拉斯的诗作，从出版时默默无闻上升到现代英美诗歌经典作品的地位。人说猫王艾尔维斯从来没有离开，普拉斯才是"从来没有离开过"呢，一直被模仿、被阅读、被探究，从未被超越。

初读普拉斯的文字，我有一个很大的误会，以为她是美国诗人里的萧红，"遭移情别恋的丈夫抛弃，单亲，31岁，诗人，带一对年幼的孩子，在1963年2月，英国历史上最寒冷的冬天，开煤气自杀"。一个女诗人这样的结局确实容易让中文读者想起在饥寒交迫中死去的萧红，她们在中英文世界各自的地位也相仿，都被各自的母语国度誉为现代文学史上伟大的女作家。但这个类比是有缺陷的，越是了解普拉斯的生平和创作，越会明白她不是饥饿和战乱中写作的萧红，萧红最后不是自杀，是在日本人占领下的香港的兵荒马乱中病死的。

先要说明普拉斯书信所呈现的"被删节"问题。1963年2月普拉斯自杀时，她和休斯只是分居关系，没有签下正式离婚文件，法律上她还是泰德·休斯的合法妻子，按照英国的法律，已经分居的泰德·休斯成为普拉斯所有著作版权（包括已经发表和未发表的诗歌、书信和日记）的唯一法定继承人和监管人，不久休斯委托自己的妹妹奥莉文·休斯代理执行，这样普拉斯庞大的文学遗产在过去五十年中，实际上由奥莉文·休斯来监管。

为逃避舆论谴责和媒体骚扰，休斯对普拉斯的著作实行最严格的版权保护，所有引用普拉斯作品的评论、访谈、传记，在出版前必须把完整样稿送交休斯家族审查，经同意后才能发表，这个"家族审查制度"不仅涵盖普拉斯已经发表的作品，而且包括普拉斯所有未出版的书信、日记，这个版权保护有效期一直到2013年。从1962年到2013年这五十年间，利用版权限制，休斯一直在打一场又一场的"防御战"，防止对己不利，对普拉斯过于同情的文字面世出版；比如《苦涩的名声》这本传记的作者安·斯蒂文森（Ann Stevenson），在传记出版后不止一次谈到版权监管人奥莉文·休斯审稿的唯一目的，是"让她哥哥泰德避免在普拉斯自杀一事上承担责任，传记的目的是强调女诗人的自我毁灭倾向"。

2013年之前，凡涉及普拉斯的文字，无论是传记、回忆录还是诗歌批评，一直受到休斯家族骚扰干预，休斯多次把普拉斯研究者的著作以"诽谤"或者"版权侵权"等罪名告上法庭，或者以"不予同意引用普拉斯原诗"为理由进行威胁，阻止研究者擅自出版关于普拉斯的传记和评论。

普拉斯的母亲，奥瑞莉雅·普拉斯（Aurelia Plath），在整理出版女儿的家信时遇到同样的版权干预，她原计划出版的普拉斯家书有700多封，在被休斯审查后，只剩下384封信被允许出版，而这384封信还不是全篇，每一封信都被删节成休斯满意的洁本，就是这个原因，如今读者看到的《普拉斯家书》（*The Letters Home by Sylvia Plath*）以及同辈作家回忆录里的普拉斯书信都是支离破碎，基本没有完整的信。最蹊跷的是，普拉斯临终前写了"最后一封信"，被泰德·休斯烧掉，连普拉斯的母亲都没有读过。时过境迁，读者也认了，文字跟人一样，都有各自生成和湮没的命运。

休斯在普拉斯离世后鲜有诗集出版，余生大部分时间在创作儿童文学，一直到他得绝症临终的1998年，终于打破沉默，出版诗集《生日信》。1969年，休斯"小三儿"阿西亚带着女儿以同样方式煤气中毒自杀，悲剧像乌云一样经年不散，甚至半个世纪以后还波及第二代，普拉斯中年的儿子尼克拉斯·休斯于2009年在阿拉斯加自杀。

第二个要说明的是普拉斯母女关系，这也是历来普拉斯研究和传记作者绕不开的话题。在洁本书信里，我最先看到一个无休止地赞美母亲伟大的"天才少女"（随着时间的推移，这位"天才少女"升级成书封套上标榜的"最伟大的美国女诗人"，是不是"最伟大"，美国学界还存有争议），没有一封信不以赞美母亲伟大无私奉献为开始和结束，赤裸裸地热烈赞美到肉麻，有时候这种倾情赞美会延及祖父母、奖学金赞助人（普拉斯家境贫寒，她和弟弟一路靠奖学金读的大学和研究生）和弟弟，总之，从1950年普拉斯进大学往家里写的第一封信开始，一个才华横溢又很懂事的少女就开始了她一生的赞美通信：

> 你是一个女孩所能拥有的最可亲可敬的母亲，我最大的希望是能以自己的成绩给你献上越来越多的花环，沃伦和我爱你和钦佩你比这世上任何一个人都多，毕生感激你为我们做的一切，是你给我们天赋的才华和上进心。一百万次感谢你！

诸如此类，比比皆是，像强迫症。

极偶尔，普拉斯的信有吐真言的一刻，没有被删掉，比如这段普拉斯给弟弟沃伦的信："一个令人惊恐的事实是，如果我们接受她替我们的奉献，她杀了自己都有可能。她的无私已经到了不正常的地步，我们得像防范致命疾病一样防着她的无私。"

这偶然表露的母女关系的紧张和扭曲，在一片灿烂、感恩戴德的平常家书里显得特别刺目。这一段如果作词汇分析的话，"惊恐，杀，不正常，防范，致命疾病，无私"这些字眼触目惊心，其中"无私"出现了两次，一方的无私美德，变成控制另一方的手段，在她给弟弟的一封信里写到，"我们在榨取母亲二十年生命心血和照顾之后，现在是回馈以她成倍的欢乐的时候了"，"extracting"是她用的动词，萃取，榨取，这个词也让我心凉，母亲的自我牺牲给子女带来自责的心理重负，一生不能消弭，这是好多寒门出的贵子心理上的伤痕和残缺。

普拉斯的母亲出身贫寒，嫁了大自己21岁的老师，德裔教授奥图·普拉斯，他们的婚姻并不美满，在第二个孩子沃伦出生后不久奥图便去世了，母亲和他们姐弟过得非常拮据，这个单亲家庭是靠着普拉斯外公、外婆的支持才熬到两个孩子高中毕业。书信里的好多篇幅花在讨论各项费用、学费、旅行费的计划上，普拉斯几乎是一个铜板、一个铜板地计算着未来学年的费用。从少女时代起，每一笔稿费、每一首诗或者小说的发表都有周密的计划，这种周密计划的人生的每一步都不能错，因为错不起。

普拉斯自小就显露出文字和绘画方面的才华，在诗歌和绘画方面屡次得奖，她弟弟沃伦也是一路奖学金最后进入哈佛大学，他们是寒门出贵子的波士顿版。越是窘迫，普拉斯对自己文学建树的野心也越大，大到疯狂的地步，比如普拉斯夫人自豪地在书信集前言里引用女儿早年的日记，"我是一个女孩儿想成为上帝"。试想20世纪50年代的美国波士顿郊区保守新教社区，一个小姑娘自比"上帝"！一般人家可能会把这话当作童言无忌删掉，奇怪的是这样夸张的话倒是没有被删掉，而是被普拉斯母亲郑重引用，白纸黑字地出版。

不能犯错，一步错不得的自我要求，给普拉斯带来巨大心理压力。同时压在普拉斯身心上还有另外两座大山——钱和野心。"钱"的压力前面已经说过，对普拉斯的教育培养不仅是举全家之资，还有奖学金赞助人多年资助；文学野心的压力来自于普拉斯母亲对女儿的培养，普拉斯8岁时在《波士顿先驱报》上首次发表诗作，正式开始其文学出版生涯，这种文学神童的业绩，跟她母亲的过度推动是分不开的，普拉斯母亲是我们如今所说的"虎妈"，普拉斯母女无论是在容貌还是精神气质上都惊人地相似——都是那种不惜一切代价，进取精进的A型性格。

所以在普拉斯书信集中，一方面读者会看到满篇孝顺淑女对母亲的赞美，发表作品和作品获奖的佳讯连连；另一方面，普拉斯的心理非常脆弱，时刻在走钢丝，内心压力像气压锅一样逐年累积。最后在她大学四年级前总爆发，那个夏天从纽约回来，普拉斯第一次试图自杀，幸好被救活。那次自杀是预演，十几年后在伦敦她第二次自杀，这个天才作家成功地结束了自己辛苦的一生。

在翻译这本书信选时，我经常在信的字里行间，看到普拉斯往疯狂的道路上狂奔，我恨不得跳进书里直接代笔给她回信，穿越回20世纪50年代的波士顿，告诉这个漂亮要强的女人："你就是我们中国人说的凤凰女啊！你再拼下去是死路一条了，你知道吗？"

时也，运也，命也，我只是一个五十年后的普通读者，读者和书本的关系好像是两个可以看得见却摸不着的平行宇宙。

这本书信集真要是一本小说的话，是一个令人心碎的悲剧，悲剧所在不在于女主角最后的自杀，恰恰在母女之间的扭曲关系，在于母亲对女儿令人窒息的控制。换一个角度说，如果没有母亲的推动，普拉斯能在短短一生中留下那么多作品吗？如果平凡快乐地度过一生，像她在史密斯学院和剑桥大学的诸多同学那样，普拉斯还会成为现代诗歌史上丰碑式的人物吗？

普拉斯墓志铭上写着："即使在最猛烈的火焰中都可以种下金莲花"，这句话据说来自于《西游记》，时间流逝，"火焰里的金莲花"是否终于开放在往生的路上了？她最后三个月在"完全黑暗，在上帝的内脏里"写出的作品，无论是在现代文学史上还是读者眼中依然堪称一流：

女人最后臻于完美

死去的身体，带着大功告成的微笑；

她赤裸的双足，好像在说，

走了这么远，可以结束了

——普拉斯《边缘》

2016年1月15日

琴童赖斯最后却成了美国国务卿

美国前国务卿康多莉扎·赖斯从政坛卸任后重新回到斯坦福大学做学院教授，经常有大学生慕名而来，询问这位身为美国第一位黑人女性国务卿、总统安全助理的她的飞黄腾达之路，回答是淡定的"从一个失败改行的钢琴学生开始"。不知道中国3000万被每天打骂逼迫弹琴的钢琴学童和他们的父母听了她的话作何感想。

是的，赖斯从小被目为钢琴天才和学霸，15岁上丹佛大学的音乐学院（Lamont School of Music），主修钢琴。大二夏天参加阿斯宾音乐节，在那里她意识到自己只是个好的音乐演奏者，缺乏成为伟大演奏家的绝对天才和悟性，由此她决定不再追求职业钢琴演奏生涯。

赖斯的转折并不奇怪，钢琴学童跟钢琴演奏家的比例是25万到28万比1，这是《时代》杂志做过的一个调研，25万个学生里出一个职业钢琴演奏家，可以靠开音乐会谋生。连赖斯这样早慧的神童，也知难而退，她的兴趣转向国际政治。

赖斯在钢琴生涯上的挫折被国际政治专业上遇到恩师的幸运

完全抵消：她遇到Josef Korbel——约瑟夫·考贝尔，流亡美国的捷克斯洛伐克外交家，国际政治界的大师。考贝尔流亡美国后就只能小隐隐于市，在科罗拉多州的丹佛大学教书为生。他的学生在政界出名后，现在丹佛大学已经有了国际关系学院，以他的名字命名，这是后话了。

考贝尔教授一辈子培养了两个女国务卿，赖斯是第二个，第一个是马德琳·奥尔布赖特（Madeleine Albright），奥尔布赖特是他的女儿，至于这个波西米亚国的犹太外交贵族怎么逃到伦敦，为了逃避纳粹反犹清洗全家改皈天主教，二代的奥尔布赖特做了克林顿总统的国务卿，她力主对南斯拉夫联盟进行武装干涉，评论家多猜测这种外交政策跟奥尔布赖特的家族流亡的情结有关系。

阿拉巴马来的钢琴小天才偶尔走进东欧知识分子教授讲的国际关系课，"那一课讲斯大林，我一听就迷上，之前从来没有关心过外交政策"，这是《赖斯传》里写的，她的人生道路从此改写，赖斯在圣母大学（University of Nortre Dame）读完硕士后再次回到考贝尔身边读博士。

与如今的钢琴教育大国相比，赖斯终身热爱钢琴艺术，但没有拿过牛哄哄的奖，她不是中国钢琴产业教育链盛产的钢琴神童，你想啊，一个阿拉巴马小城牧师的女儿，没有多少钱可以砸可以投资，大学就近读的是后来父亲任副院长的丹佛大学，也是教工子弟不用交学费的缘故。赖斯学钢琴纯粹出于个人兴趣，所以在她开阔眼界看到真正的音乐天才后，对自己的钢琴职业前途，也能做出清醒的判断，否定自己是不世出天才。

中国是钢琴教育大国，家长逼孩子学琴、考级、参加钢琴比赛是持续了二十年的时髦，但像赖斯那样理性地知难而退，改弦易辙的钢琴学生估计不太多。中国的钢琴父母膜拜的是郎朗这样的，每年500万广告代言费，商演每年150场，每场平均收入7万欧元……重赏之下必有拳头耳光和安眠药：舒曼杯国际青少年钢琴大赛亚太区，13岁的沈阳女孩胡丁琦囊括四项冠军，她在得奖时说感谢父亲的400记耳光，她5岁开始练琴，最初的三年为练琴吃了400多记耳光；郎朗因为同学乐队伴奏少练两个小时钢琴，郎爸处罚他必须在"回沈阳、跳楼和安眠药"中选择；一个考级的，学钢琴十二年的女孩说家里打断好多根尺子……

钢琴教育跟奥数一样变成产业链，山头林立的考级比赛和名目繁多的钢琴比赛让组织者富得流油，组织一次少儿钢琴比赛最少赚18万，最多一次赚32万；钢琴考级越来越混乱，有中国音乐家协会这样来头很大的权威考级，也有艺术类大学组织的考级，培训学校为分一杯羹也组织自己的考级。产业链也好，虎妈狼父也好，唯一没有人在意的是这场疯狂下的主角：学琴的孩子，他们的感受，他们的人生。

不是每个从钢琴专业退下来的人都有赖斯那样的智慧和运气，这不难理解；但中国孩子缺的不是这两项，他们缺的是为自己选择人生道路的自由，有多少钢琴父母敢于放手让自己孩子选择呢？

2016年6月2日

达尔，他从来没有离开过

2016年8月的一天我和女儿在哈特福特市中心闲逛，天气太热，我们走进市图书馆享受空调，一进门发现里面铺天盖地地摆满达尔的各种版本的图书和旧海报，那里正在举办罗尔德·达尔（Roald Dahl）纪念展览，女儿当时手里即捧着一本精装本的《詹姆士与大仙桃》，是她过生日得的礼物，她看到四周那么多本达尔的出版物，有点蒙，问我是不是举办作者签名售书。

罗尔德·达尔1990年去世，在小女出生前二十年，在她阅读他的书前二十六年，如今已经不可能出来为自己的纪念展站台了。假如作品永生的魅力是以新一茬读者为衡量标准的话，达尔生命力强大，他的作品一直在被小读者捧读，被老读者怀念。小女3岁时在北京看盗版电影《了不起的狐狸爸爸》，4岁在香港会展中心排演音乐剧《查理和巧克力工厂》，她跑龙套，是几十个"巧克力国"小矮人"乌帕龙帕"之一，这个夏天开始她终于可以自己读达尔的书了。

2016年9月是罗尔德·达尔的百年冥诞，为纪念这位颇受争议却依然伟大的儿童文学作者、二战时英国皇家空军飞行员，9

月6日，达尔给他母亲的书信选出版，达尔在小说中开的那些脑洞在这些信里都可以找到：对创伤和苦难轻描淡写，现实里囧事囧人被添油加醋改编成趣事妙人……想象力无限，生命力无限，好像所有野蛮苦难的童年，你若活过来就是胜利，你若挂了，被伦敦动物园跑出来的河马吃了（比如詹姆士的父母），掉进糖果厂垃圾堆被质检员当坏果子扔掉（比如偷偷留在巧克力工厂的孩子之一），你也得认栽，童年就是任性，在绝望中灵光一闪，比如詹姆士捧着那救命的荧光绿的种子却摔了一个大马趴，丢了所有的种子，最后爬上大仙桃逃走；恶魔一样的寄宿学校老师对学生狂轰滥炸，为惩罚学生只给她们吃甜点，正中下怀……

1930年，达尔在寄宿学校写的信："我的文体老师，华尔先生是教师中脾气最坏的一个，正常时又好得不得了。他发怒时天都要塌下来了，在房间里怒气冲冲地狂走，把桌子推倒，把桌上放的所有东西一股脑儿扫到地上，猛踢所有的家具，特别喜欢踢一台大立钟，那钟已经被踢得不成形了，他发火时大呼小叫，这周三他激动得差点跳窗！我从来没有看过这么滑稽的人。"

在1933年一封信里，他写最好的朋友麦克因故离开学校，准备去读牛津大学，全校依依惜别，麦克还没迈出门，全校一半的师生已经开始给他写信。后来达尔的母亲发现，这种"惜别"完全是子虚乌有，麦克因为性骚扰低年级男生被学校开除，达尔发现真相败露，再次写信推脱说学校叫他这么编的。

二战期间，达尔参加英国皇家空军，他的战斗机在出勤第一天被德国人打下来，飞机在北非利比亚沙漠坠毁（几乎就是电影

《英国病人》里的情节），坠落时飞机着火把他烧得面目全非，事后他发电报给家人报平安："愉快归来，带着爱；两周前在沙漠飞机失事，着火，脑震荡，鼻梁断了，不严重，康复在即，附上亚历山大城安格鲁医院地址，不能及时回信。"他伤愈后又去飞行。

他的这些信里全是英国人的轴，对苦难近于偏执地淡化调侃，编故事停不下来的劲头。1942年小说家C. S. 福斯特对他进行战地采访，采访时食堂桌面太小，据说是因为一只烤鸭占了大部分地方，连一张纸都铺不开，这鸭子要有多大？福斯特没地方写采访笔记，达尔事后代笔写了一个采访综述，写他的飞机失事，这篇综述直接在《星期六邮报》上发表，成为达尔的处女作，不久他开始写作生涯。

《达尔书信选》9月6日出版，《华尔街日报》（艺文版）9月9日以半个版面的篇幅发表评论和书信摘录，本文提到的书信均来自华报那篇长评。达尔成名后访问美国，成为富兰克林·罗斯福的朋友，据说有达尔相伴过长周末，总统可以少点压力多点乐趣。在苦逼漫长的人生中，谁不需要达尔相伴？谁不想多点生趣，哪怕是胡编乱造、脑洞大开的生趣？小女生走在图书馆时眼睛一亮："罗尔德·达尔会来吗？"

套用一句美国俚语，跟猫王艾尔维斯一样，他从来没有离开过。

2016年9月10日

致敬摇滚天才们

鲍勃·迪伦获得诺贝尔文学奖，我发现中文网上很多人只听过迪伦一首歌，就跟着瞎掰掰，什么奇葩说法都有。朋友反驳我：媒体本来就重在参与，抢新闻热点。过去诺贝尔文学奖经常发给听都没有听说的作家，今年获奖者终于听说过，歌也耳熟能详，大家当然要热烈讨论，人人宣布自己是迪伦粉啦！再说了演艺界，靠的不就是人气嘛，迪伦没准能借东风再去北京演出一次，有什么不好呢？也罢，我心里也不再别扭了。

像我这样瞎操心的粉丝，觉得迪伦是这样的不是那样的，应该这样，不应该那样，在鲍勃·迪伦出道的五十年里，估计有好多好多拨人吧。死忠的粉丝对偶像有拥有感，"他是我的！不许你们胡说八道！闭嘴！"迪伦14岁弄了平生第一把吉他，然后自己组建乐队，在学校的才艺秀上去表演，据当时学校的一个好学生回忆，演到一半，校长来叫这个学生拉上幕布，因为不正确，不适合给学生看。什么是正确的呢？当时流行的正确歌曲是"橱窗里的狗狗多少钱？"

迪伦出生于1941年，他的少年时代是20世纪50年代中期，

"狗狗多少钱"这种我猜就是那个年代的霉霉唱的，让那时的中学生追得发疯的流行歌曲。迪伦在回忆录里写道："那不是我们的生活，我们不是那样的，我们天天训练怎么去躲空袭，抓查理，没有去想商店橱窗里那只贵宾犬多少钱。"迪伦登台，暴雨将至，此后他一生每到转折点，或者改变演唱风格，都遭遇粉丝责难，拉黑取关。

1965年7月罗德岛的新堡音乐节（Newport Music Festival，又叫纽波特音乐节）他插电唱民谣，《梅姬农场》《像一块滚石》，在震耳欲聋的电吉他噪音里粉丝恨得差点把音乐厅都给砸了。就在两年前，1963年，同样的音乐节，迪伦是当时的"歌神"，民权运动和理想主义的化身；何曾想仅仅两年歌神就蜕变成摇滚歌星，粉丝急了！纽波特是摇滚乐的里程碑啊，这是多年后的共识；而在当时，呵呵，天都要塌下来了。

十年前一个同事知道我是迪伦迷，送我一本迪伦传，《找不到回家的方向》（No Direction Home），当时我读书心切，在去纽约的火车上跳着读，印象最深的是书里写粉丝对迪伦不满，每两年就有人跳出来，说他"背叛"——背叛民权运动，背叛摇滚，背叛自己，背叛艺术……失望，责难，批评在他成为时代标志性人物以后一直没有停过。

比较严重的干扰和伤害，是1966年他在名声鼎盛时期到英国演出，他最初的粉丝对他的演唱大失所望，这种失望触动到他的内心。我可以想象，迪伦与观众间的超过骨肉皮、灵魂知己一样的触动，一旦失望，伤害有多大。迪伦后来刻意远离人群，躲避名声，独狼一样离群索居，对他以后连续不断的创作是必要的自我保护。

他至今出过37个歌集，而且没有退休的意思。近十年来他的演唱炉火纯青，比如2006年的《摩登时代》、2016年的《堕落天使》是我听过的最好的演唱，苍老的声音里是炉火纯青的布鲁斯，老去原知万事空的沧桑感和韧性，把他嗓音的特色发挥到极致；翻唱爵士乐老歌，向弗兰克·屈内加（Frank Sinatra）致敬，他在怀旧中又忍不住加上自己商标式的叛逆色彩，烟雾缭绕的20世纪东村酒吧里的残破，浑不吝，就像他说的："你得把每一块陈年老石头都翻开来研究，揣摩。"

我暗自比较过20世纪几个巨人级别的歌手，猫王、迈克尔·杰克逊、皇后乐队的主唱弗雷迪·莫库里，迪伦跟他们比嗓音是最不出色的，出道时被讥笑为"肺痨病人在唱歌"，"漏风的音箱"，加上美国大平原地区的土得掉渣的鼻音。嗓音差，进入老年后反而不成问题，至少不再被诟病，"你爱听不听，就这样了，没得挑！"

迪伦在近十几年没有中断演出生涯，在无尽的巡回演出中，小城小镇的舞台，灯光迷离，精瘦的他戴着礼帽、墨镜，在麦克风前入迷地自弹自唱，像一个《圣经》里走出的先知，又像一个在作法招魂的千年老妖。还有什么比音乐更长久的？台上台下如痴如醉，白发苍苍，我们都会死，但此时此刻，那些死了的天才的诗篇，被埋没的民谣歌手，被迪伦招魂一样请回来，伍迪·刚瑟雷、"垮掉一代"、艾略特、莎士比亚、《圣经》……迪伦不止一次被指责抄袭前辈大师，现在诺奖评委给了一个更好的说法，"诗歌大师们的集锦"。从2000年起，他已经表演了1400场演唱会，1400场啊！

唱得好还不够，还得活得久，别挂了。音乐同人猫王、杰克逊、莫库里都先走一步；精神知音比如艾伦·金斯堡，连迪伦的脑残粉"保持饥饿保持天真"的乔布斯都提前离席。莫库里的绝唱是《演出照常进行》："空旷的舞台，此生为何？弃绝的地方，我们一次次地到来，到底在找什么？另外一个英雄，另外一次无心之罪……"现在真正让演出照常进行的，却只有嗓音最差的迪伦。

关于他的破锣嗓子，音乐出版人雅特·莫歌尔讲过这么一件事，知名中介阿尔伯特跟他说："我下星期让一个人来见你，叫鲍勃·迪伦，手里弹吉他，脑袋上缠一把口琴。"莫歌尔问声音呢？阿尔伯特答"声音不咋的"。

莫歌尔后来回忆说："从没听说过这等事，百老汇从来没见过。"莫歌尔见到迪伦后，都没听完他唱"一个人要走完多少条路才能成为人"，莫歌尔眼泪要下来了，得叫迪伦停下，别唱了，"就是你了！"莫歌尔骄傲他自己是那个年代不多的，不只听嗓音，会去听歌词的人。幸亏莫歌尔是这样的，不然就迪伦那副破嗓子，"美国好声音"海选的地区初赛就得出局。

诺奖消息后的第二天，《华尔街日报》用占整整两个版面的篇幅，回顾迪伦的音乐生涯、文字渊源、歌词金句，也委婉地对瑞典皇家学院把文学奖颁给一个歌词作者这个决定提出质疑，它引用这几年文学奖的热门候选人乔伊斯·奥兹的话："如果可以颁奖给迪伦，是不是也应该给披头士颁奖呢？"有这种共鸣的人不在少数，比如朋友的英国老公，听到迪伦获奖的消息，立刻酸溜溜地说了一句："明年瑞典人或许把文学奖颁给一个饶舌乐手呢。"

按照瑞士皇家学院的说法，"迪伦的歌词创作改变美国时代诗歌走向"，反对者会问那甲壳虫的歌呢？不也是丰碑吗？甲壳虫乐队虽解散已久，列侬殒命，主要成员保罗·麦卡特尼一直健在并且活跃，从来没有退出艺术舞台，光诗集就出版了好几本；再比如爱尔兰的U2乐队，有诗意，有抗议，有人类和环保关怀，哪里差了？再比如也是唱了一辈子的布鲁斯·斯普林斯汀（Bruce Springsteen），最近刚刚出了自传，荣登畅销书排行榜。要说诗人兼音乐家获得诺贝尔文学奖，迪伦还真不是第一个，1913年获奖的印度诗人泰戈尔，一生创作了几千首诗歌，他也是改变印度音乐史的天才，泰戈尔除了写诗写歌以外，还是一个职业画家。问题是，因为语言的区域限制，泰戈尔的歌除了在印度还有传唱吗？泰戈尔被称为"孟加拉的荷马"，印度和孟加拉国的国歌就是出于他手；借着英文在全球的传播，迪伦的歌是当代人的《荷马史诗》。

《找不到回家的方向》后来拍成纪录片。在影片的开头，迪伦谈到他10岁时的一次经历：那时他偶尔发现父亲一个桃花心木的收音机，上面带一个78转的唱盘。有一次他打开发现唱盘上架着一张黑胶唱片。他就启动唱机，原来是一首乡村歌曲，"你漂得离岸太远了"，他说在歌声响起的一瞬，年幼的他忽然觉得自己变成别人，"投错胎了"。这种栩栩如生的灵光一现，是真正的诗意展现，真是天才。他的家乡，明尼苏达的矿区，苦寒闭塞的小镇，冬天冷啊，"只有冷是平等的"。多少年以后有一句流行的话，苏珊·桑塔格说的，"疾病是平等的"。套用这个句式，才华，是人类个体间最大的不平等：杰克逊4岁登台参加商演，莫库里嗓子可以覆盖高低四个八度的音域，而迪伦起步之晚，崛起之迅速，这些经典摇滚的传奇巨人永远叫人叹为观止。

迪伦是犹太裔，本姓辛姆曼（Zimmerman）。他的犹太老乡，也是诺贝尔文学奖获得者的波兰移民作家辛格，有一篇短篇小说叫《广场上的斯宾诺莎》，写一个躲在华沙闹市阁楼上的哲学大师，在二战初，德国大兵压境、风雨飘摇的前夕，忽然一日发现了爱情，体会到男欢女爱的美好。这让我想起迪伦在他的歌《我一生的背页》中的歌词："哦，我曾经是那么古老，我的现在远比那时年轻妖娆。"这句歌词在《华尔街日报》编辑的"迪伦金句"里排名第一，估计是因为它携带的一丝浪漫和希望气息。

现今的美国，无论是政治、经济还是人心走向都处在疑虑重重中，一丝浪漫和希望是多么宝贵，哪怕他是来自广场上的斯宾诺莎。

2016年10月17日

以邓文迪为榜样的说教，都是耍流氓

偶尔看到《新民周刊》刊登的婚恋主题文章，作者是"恋爱训练营"的主持，题目："邓文迪19岁睡已婚老男人混绿卡，你30岁还不敢跟男人要微信，跟她学撩汉？脑子进水了吧？"引语是这样的："邓文迪们的撩汉秘籍就是——年轻的时候用青春肉体睡老男人，把老男人的钱拿到，到了中年以后开始睡青春肉体的小男人……"主持的意思呢，是让恋爱训练营中的单身女性认清自己的地位，别跟人家比。可能因为此文通篇是教训小侄女的口气，"主持"这个称号让我想起灭绝师太。

先说引语。拿邓文迪说事，一直是无数中文励志鸡汤的由头，包括这篇标榜反对毒鸡汤的文章都不例外。中文读者的共识是，没有比邓文迪更幸运、更赚的了：普通广州市民阶层，校排球队队员，长相普通，到"国际邓"，"跨国邓"，耶！近于零成本的社会阶层上升和财富积累，耶！没有太高的拼爹（你爸可以是普通工人）或者颜值门槛（邓文迪承认自己在国内酒店的电梯里是零回头率），耶！坎坷过去（傍糖爹）可以一笔勾销，一婚再婚再再婚，直到一夜之间平步青云，变成社会名流，耶！总之，快捷顺利地、不费力地暴发，这个一本万利的买卖，人人都想做。

青春交易，老年买小鲜肉，这种内定的判断框架下阅读他人，经常违背人情事理的正常脉络，不仅不能知人论世，连普通人街谈巷议、假语村言的客观水平都达不到，完全是自说自话。比如引语中概括的邓氏秘籍，稍微读一下邓的留洋史，不难看出她第一次成功撩汉嫁的"老男人"，恰恰不是因为"有钱"，是因为"可以资助留学"请人介绍的。《华尔街日报》曾做过长篇报道，记者拿出严肃媒体的专业精神，采访过这个老男人、老男人的前妻和女儿，也采访过邓在加州州立大学北岭分校的同学。

再说这个位于洛杉矶郊区的加州州立大学北岭分校（California State University，Northridge），是20世纪80年代中国开放初期，好多中国留学生来美的第一站，在那里念过书的名人，还有陈冲；爬藤心切的中国父母肯定是看不上这家默默无闻的小学校，其实在它那里毕业了众多的电影明星，比如奥斯卡影后海伦·亨特和陈冲。魔鬼都在细节里，成功秘籍更在细节里。单看校名，你立刻把北岭分校当作野鸡大学，单看这篇文章，你还真误解了邓氏成功，以为自己放开私心杂念，一心求成地拿自己身体做交易能有什么好姻缘呢。邓文迪有的，你有吗？她19岁做的事，你等到30岁才去模仿，你真的相信自己的竞争力，在排着队送上门的青春肉体中会被选中？19岁的排球队员，荷尔蒙爆棚，海阔天空，什么事不敢做？别说睡老男人混绿卡了，上刀山下火海都可以（至于为了什么上刀山下火海，"什么"可以任意填空，爱情、性、生意、演艺、网游，1972年乔布斯完全不顾父亲反对，搬出去跟女朋友同居并且开了平生第一家公司，那年他才17岁）；真要等到30岁再想到刷微信撩汉，邓文迪最多在广州民办体校里做一个排球教练，现在已经到退休年龄。

主持师太的人生教训，可以忽略不计，过来人的教训，都有隔岸观火的味道。触动我的，是文章后所附的，婚恋专家咨询费的实价："视频咨询收费每小时1000人民币，一次咨询按1.5-2小时计"，愿意支付如此高昂费用参加"恋爱训练营"的女性，到底是要多恐慌地寻嫁，多么病急乱投医，才甘心做这个冤大头花钱听婚恋师太的教训？文章中概括这些冤大头们的基本背景和人生目标："中小白领，30岁出头，在上海月入两万也是个中等收入，找个对象巴望着两家一起首付，夫妻一起还贷，生个熊孩子，一看月嫂的工资就不敢要二胎了。"看得真是心酸。试想以上愿望最终实现，这样的人生真就圆满幸福吗？成家有孩子难道不是人生的基本所求，现在搞得变成举家之力实现人生梦想了。

莫泊桑的小说《项链》，一对贫贱夫妻一时兴起向朋友借了一条钻石项链去参加阔人的舞会，不幸将项链丢了，这对老实巴交的夫妻先是借巨资买了一条同样的项链赔偿朋友，然后辛辛苦苦、勤勤恳恳打了一辈子工，积蓄还贷，几十年后目标实现还清了巨款，人老眼花，小夫妻变成老两口，坐在小饭馆里庆祝圆满完成任务，结果碰到阔朋友，她说那条项链是假的！项链是假的，但是偿还这条假项链付出的代价却是真的：青春、体力、健康、情感。师太的那些门徒，风华正茂30多岁的上海白领，还拼命地往那个假项链的陷阱里钻呢：先是找到老公，两家一起首付，然后一起还贷……

这个训练营不会告诉营员的是，培育了邓文迪以及其他富豪的是青少年时代的中国，那个20世纪80年代的中国，现在是永远回不去了。别的不说，邓文迪打排球时广州什么房价？杭州与合肥什么房价？如今日益高昂的生存费用，捆绑住这些30岁出头的京广上的中小白领，房贷压力对于80后90后一代，已经成为一种隐形经济奴役。这种压迫，对年轻人的压迫，是所有20世纪80年代成长打拼的人没有经历的，邓文迪19岁时敢做敢闯的冲劲，换到现在也就缩小成"两家一起首付，夫妻一起还贷"这种谨小慎微的中产梦。本来应该荒唐恣肆的青春，你都在上补习班，上完补习班上了大学，然后忙着毕业后找工作，你从来就不是鲜肉，你是未老先衰自己还不知道。

环保派对中国高速经济发展的指责，有一句话，说这种发展是以未来为代价，消费子孙后代的生存环境福祉。这个说法听着很可怕但也很遥远，子孙后代嘛，时间轴起码要拉长到20年以后。这是不对的，付出代价的时间应该是"此时此地"。在房价高企下的青春没有梦想，有的是一条被房贷奴役的路，你做牛做马，还清一条假项链。

婚恋师太也不会告诉门徒的另外一个真相：中国社会女人迅速报废，折旧率奇高的事实；也不会告诉你，不结婚不仅可能不是你的错，而且不结婚也是可以的。女人低下去，低到尘埃里去，男人就是最大赢家。这也是为什么我一个有前科劣迹的远亲，可以娶到上海的一位大龄儿科女医生，女方家的陪嫁包括三室一厅的房子。两人都是二婚，但这位大家闺秀的前一桩失败婚姻，却让她等于打上红字的女人，用现在的话说在上海的婚姻市场上她是"负资产"。邓文迪在成为默太前不是负资产，她的前两次婚姻不仅没有成为她前进道路上的绊脚石，还变成她阅历的一部分。邓在耶鲁大学商学院的外号是闯过好莱坞的女人，活色生香，穿超短裙去暑期实习面试。为什么同人不同命？因为"国际邓"在美国不在上海，在上海她是零回头率。

拿邓文迪作婚恋案例分析，无论是鸡汤还是反鸡汤都是要流氓。这样的人生比较只能让单身女性更恐慌，更自卑，而恐慌和自卑又是捆住你手脚的心理战的第一步，想想那条假项链设下的圈套吧。

2017年1月19日

说英语的李安是另外一个人

大导演李安2013年5月有一个讲演："我的时代与我"，是他回中国台湾接受当局嘉奖时跟龙应台的对话，很长。其中讲到几句他平时在中英文切换时不同的性格："我说英文时就会很活泼，很幽默，跟我平时讲中文时不同。"他短短数语引起我很大的共鸣和感受，他说的这种变化，由语言切换带出的性格变化，在母语环境下被压抑的性格某些方面，到了非母语环境获得解放。李安一再说自己是老实的、很乖的人，跟陈文茜对话时都被吃豆腐，被说成"好乖哦，好可爱哦"；但是他一旦转成英文，他会说你们都"Shut up, I know what I want"（我知道我要干什么，你们都给我闭嘴），看看，"好乖，好可爱"的李安，一旦说英文就变成说一不二的李导演，这就是语言切换带来的力量。

这种切换像庄周与蝴蝶，说中文时是一个循规蹈矩又不务正业的好丈夫、好儿子，说英语时他变成大导演了，这并不是多重人格，是在母语环境下收起来的性格，换了语言被张扬出来，你不能说锦衣夜行的人是多重人格吧。

李安有一个严厉的父亲，他一辈子对父亲的威严既尊且怕。

可以说乡土、母语的压力，对他来说等同于父威，他在讲演中也提到这点，他的制片人曾经用弗洛伊德来解释过他拍英文电影的轻松。英语和英语电影带来的是解放，是玩一样地搞艺术，但是到拍中文电影就完全不同，因为一旦回到中文世界，他又得切换回中文所附带的价值体系，回到文化和家族焦虑。

拿李安举例，是想说明语言在文化认同、身份认同里的至关重要的地位。英语和母语中文之间的冲突，挤压，包围与反包围，是我在美国生活一直纠结的问题，纠结语言，同时也纠结身份认同。我在国内读书读到大学毕业，一贯受到的教育是"英文是有用的工具"，跟扳手、改锥、砧板菜刀、宿舍里煮方便面的电热器一样，属于"工具"。在这种理解框架下，语言变成一个空壳，不带任何标配，你只要往里填你的一脑子糨糊就可以了。这种对语言的工具性理解，害了一代又一代。

我本科是学文学的，到美国留学后这个我度过四年青春、有着最美好记忆的专业，变成一个跟"废物"同类的词，等于是"负资产"。那时是20世纪90年代初，还没有全球化，在美国中国留学生生存压力巨大，是极端的实用主义从来不受质疑的十年。比如陌生人见面，如果对方也是留学生，他／她用中文问我学什么的，我自然用中文回答，短短的几秒钟信息交换，我这个自答"学中文"，无用之用的人已经矮对方一截，对方如果心直口快，还可能继续问，那你在美国读过书吗？读过大学吗？那么我会更紧张，因为我读的大学不是什么名牌。

换一个情形，对方不是留学生，他／她用英文问我学什么的，我用英文回答是学文学的，接下来的谈话会往完全不同的路上走：他会问我最近看过什么好玩的书、电影，我说有的，然后谈话就可以非常愉快，我再不用为我的本科专业这个"负资产"而惴惴不安，口不能言，相反我的话匣子打开了，聊的都是我心爱的最好玩的话题，有趣，生动，滔滔不绝，我的那些无用之物，音乐、电影、书，忽然成为精神世界闪闪发光的雪花，它们被谈话者追逐，反过来追逐谈话人，言之有物，"废物"，"无用"，再简的陋室都变成有意思的生活，空气的氧含量都增加了，我由一个被下了判决书的无用之人，变成一个口若悬河的人。同理，李安一用英文说话他的气就壮了，因为他用英文说话的时候，基本都是面对电影界同行和制片，这时他有胆量叫老婆闭嘴，李安惧内是有名的。

语言表层所带的是信息交流，你好，你的名字，住在哪里，做什么工作，深层所带的是全套的世界观，文化价值判断。这种认识，不经历中英文双语环境的人怕是很难体会。这是为什么英国可以源源不断地通过著述出版、电视剧、流行音乐、电影来推送它的价值观，为什么一本英王詹姆士版《圣经》一旦发行，《圣经》中宣扬的价值观与英语一起流传，一直到如今的美国私立高中的英国文学课都是从英王《圣经》开始。舟和水的关系，语言它既是舟也是水。

最近一个热门话题是某旅居海外多年，写美国话题的作者被爆英文差，因为有读者发现她文章中涉及美国时事中译段落，可能来自谷歌翻译。一个大学同学在朋友圈上为作者辩护，我没心没肺地说了一句，在美国社会并不需要太多英文，50个单词足够了，被他喝止。我说的是真心话，在美国社会生活，不读英文书不看英文报纸不仅可以过下来，而且可以过得很好，尤其是现在。智能手机和平板电脑如此发达，所有重要英文媒体都有中文版，新闻八卦推送完全可以看中文版，生存英语可能连50个单词都不需要。

我认识的一个国内名校毕业的学霸，拿了全额奖学金来杜克大学读应用数学硕士，他的苹果手机我见过，《纽约时报》《金融时报》全是中文版，说英文机会少是他对美国校园生活最大的抱怨。按照英语是有用的工具这种教育观来理解，读《纽约时报》中文版和英文版并没有太大不同，因为隔着不过是不同的语言工具，新闻推送的内容都是一样传达。问题是如果你连工具性英文阅读这层都跳过了，你来美国读研究院干吗？语言是工具的话，这个工具需要携带的信息到底是什么？难道真是国内微信聊天和手机短信的汉译英？

在美国混日子的50个单词有好多版本，有花花公子版，也有普通版。花花公子版50个单词里有一半是在酒吧怎么搭讪，怎么点酒的，另一半是怎么撩妹／汉；普通版基本是这样：你好！早上好！晚安！我的名字，烤鸡还是炸鸡，啤酒，纸袋还是塑料袋，美丽，我爱你，对不起，愚蠢，总统，停……花花公子版和普通版的交集是骂人的脏字，这些脏字起码占了生存词汇的五分之一。这50个单词，等于婴儿开口，叫爸爸妈妈，走路，坐下，吃饭，尿尿，宝宝难受，宝宝开心，要回家……灵长目动物开口，跟同类有基本生存交流；超过50个单词，再前进一大步，英文的中等标配是报刊媒体，电影，美剧；时事评论，严肃媒体的社论，是英语的高配；莎士比亚，《圣经》，那是英文里的核心价值，属于天仙配。

我同意这个同学的观点：在写出那么多关于美国的书，又写作那么多年的情况下，作者的英文水平，作者对美国核心价值的理解，即便是抄谷歌翻译，那些海量并不轻松易读的文字著述，也可以改变和造就一个人。语言不是词句，它自带内容，输送价值观，世界观。比如德国电影《朗读者》，一个执行杀人命令的文盲，战后坐牢。她在牢里年复一年地阅读经典，自学认字。有一天忽然内心觉醒，对自己过去犯的战争罪有了清醒认识，她自杀了。阅读打开了她的灵魂，对于她来说，这是悲剧的开始，有了灵魂就有灵魂拷问，有了对他人苦难的感同身受，然后会有自我审判，所以她活不下去了，她选择了罪与罚。

李安的性格，从拘谨到活泼，随着中英文双语的切换而切换，好比一扇门打开了，走进另一个平行宇宙。放下你的中文版手机应用，迈出50个单词的门槛，走进另外一个宇宙，你会看到完全不同的风景和自己。

2017年2月18日

"生于 1988 年的中年女子"触痛了谁?

　　美国女性研究者在对种族、性别的解构主义研究后,把同样的分析批评方法论用来研究"衰老"。2007年出版的《文化衰老》(*Aged by Culture*),作者是女性问题研究者,文化批评家玛格丽特·古丽特(Margaret Morganroth Gullette)。虽然有争议,这本书在美国思想界已经是标杆地位。

　　西方传统意义上的衰老从中年开始,那时人生变残了,你的中年危机也就开始了。古丽特通过大量论证,认为这种社会普遍共识的"衰老"是一种经济竞争下的政治性策略,它调动社会文化的一切"话语"来系统性地暗示中年人"衰老"的开始,告诉他们,"你们的人生开始走下坡路啦"。古丽特认为,中年人跟下一代之间的代际冲突实际上是经济冲突,凸显的是美国社会中普通人寿命增长后社保基金和医疗的沉重压力,美国社会的普遍共识是到2035年美国的社保基金如果不破产,也将入不敷出。她试图证明,所谓的中年危机为开始的人体的衰老,在染色体基础的生物学上并不存在;社会之所以用文化暗示来提醒个人这个"中年危机"的存在,说白了就是想让中年人下课、下岗,给年轻的廉价劳动力让路。所以，衰老，是社会的阴谋。

不是你老，是社会告诉你老了，你该靠边站，把位子、粮食、工作、空间让出来给比你年轻的，这个道理，在一部日本经典电影《楢山节考》里有极端化的反映。这部最早诞生于1958年的日本电影比古丽特的衰老理论早了半个世纪（注：电影有几个版本，现在流行的是今村昌平于1983年重拍版）。电影说的是一百多年前的日本古信州贫困部落民山区的风俗，老人到70岁时必须由子女背着上山，拜楢山神。所谓拜山神，其实就是把年龄到70岁的老人送上荒山扔掉，让他们在山上自生自灭，最后饿毙。弃老仪式的目的是节省一个人的口粮，因为在那时日本的偏僻山村里粮食是稀缺资源。

"拜楢山神"这种可怕仪式发生的年代，据原著作者深泽七郎所写，是在日本的部落生活制时代。当时因为岛屿生产力低下，需要节制人口，男孩中只有长子才可以结婚生子，送老人拜楢山当然也是为节制人口，少一张吃饭的嘴巴。部落民是日本封建时代的贱民，1871年封建等级制度被正式废除，但是对部落民的歧视在日本根深蒂固，源远流长。

"拜楢山神"仪式可以算"文化衰老"的极致了吧。电影中的老母亲阿玲一口好牙，却自卑到不行。村里人的共识是人老到无法创造社会价值的时候，多吃一口饭，多消耗一分资源就会被同村人争相病诟，在这种同村舆论的压力下，阿玲最后下决心在石磨上把牙磕掉。村里人对尚能饭否的老人"冷嘲热讽"，就是山村这个小而封闭的环境里"文化衰老"，是那里的民间舆论共识，这种共识决定阿玲衰老，跟她的牙齿和身体状况无关。到70岁必须背上山被遗弃，如果老人不愿意上山就会受到家人的凌辱虐待，最后也会被杀掉。阿玲母子对村里的"衰老"指令，最后还是get到了，否则她也不会自觉地把牙在磨上撞掉。阿玲主动撞掉门牙，因为她担心儿子不愿意背自己上山，儿子的父亲就是因为不肯背老母上山而遭到村里人嗤笑。为了避免这个丢人的懦弱行为在家里再次出现，阿玲主动出手，帮儿子解决心理上的障碍，她要让自己变老。可见文化衰老的传统，是需要代与代之间共同维护，老人阿玲也是这个传统的积极推手。

送70岁老人拜楢山神的封建东洋传统，属于丛林社会的做法，物竞天择，把失去劳动力的人合法去掉。古丽特理论所揭示的西方社会"文化衰老"这一套，比东洋的"楢山节考"要文明、含蓄得多，但基本内涵没有变化，最可怕的是年龄段还提前了。老母亲阿玲70岁被送上山待死，西方社会的"衰老政治"从中年开始提醒人生走下坡路。

这两天中文网上两则消息，把文化衰老的门槛再度提前。第一个消息，越南女子对金家大少在马来西亚机场喷毒药，痛施杀手。这个越南女子，生于1988年，在新闻媒体里被冠上"中年女子"，引起网上80后一片哀叹，仿佛随着金正男去的，还有无数80后妙龄女子的青春。微博上有人说，"金正男事件我唯一关注媒体报道的点，就是行刺人被描述为1988年的中年女子。"雪上加霜的是一篇采访歌手赵雷的文章，被读者深挖了出来：赵雷母亲"34岁老来得子"，这个"34岁老来得子"的标签更是轰动。

这本来是作者的笔误，哪想到中文读者尤其是女读者在年龄的问题上极其敏感，这一句话引出的地震远超过原文。这两则新闻碰巧都提到年龄这块玻璃，互动后赫然形成中国媒体的文化衰老指令，主要还是针对女性的，对男性要宽容得多。读者get到了吗？当然，哀鸿遍野，情何以堪。

之前在另一篇小文（见《以邓文迪为榜样的说教，都是耍流氓》）里提到中国社会中女性的加速折旧现象，离了婚的女人身价一落千丈，变成负资产。加速折旧也好，34岁老来得子也好，无意间透出国内流行的文化衰老的共识，这个共识下的女性衰老跟女性自身的健康、身体条件无关，"说你老你就是老，说你不行你就是不行"，衰老指令提前到34岁，还是蛮吓人的。这个超前，等于把女性三十而立这个人生阶段的希望都给剥夺了。不知道国内多少女性买这个衰老账。

年龄这道套在中国女人头上的紧箍咒，随着经济和国力的强盛不仅没有丢掉，反而更加紧压。国外曾经提倡的"人生从40岁开始"已经被"人生从60岁开始"这更加励志的话代替，而国内并没有这种觉醒。购买力、生产力的强大，时尚跟风，唯独对待年龄的态度这点上，国内不仅没有跟随国外潮流的意思，反而落后于中国20世纪70年代到80年代的观念。家中的前辈，眼科医生，退休后被医院返聘，重新拿起手术刀一直到70多岁还工作不止；另外一个芜湖最好的脑外科手术医生，今年已经80岁了。这些人都是在经历青年时坎坷后开始人生的第三段的普通人。他们的子女是我们，他们的孙辈现在却已经被叫老，想想真是荒诞，孙辈被称作"老人"，把这些尚在努力工作的祖父母们置于何地？

把30多岁的女人称作"老"，跟整个社会蔓延的逼婚、逼嫁的压力不无关系，旁敲侧击地暗示到时候了，你可以放下身段折价处理了。这种文化衰老是单独给女性备下的迷魂汤，男人三十四十都还是一枝花呢。想想苏东坡吧，感叹"老夫聊发少年狂"的时间是宋神宗熙宁八年，即公元1075年，他诞生于公元1037年，填这首《江城子》的实际年龄是38岁。他还"左牵黄，右擎苍"出门打猎呢，自夸"会挽雕弓如满月"，哪里坐实了那个"老"字？在中国关于老年的文化迷思，是分男性版和女性版的，男人尤其是占据食物链条优越地位的男人永远不老，青春永驻，这是具有中国特色的。而古丽特结构出的西方社会的"文化衰老"，对男女一视同仁，要老大家一起老。

给国内的女性朋友提个醒，不要喝那碗迷魂汤，老的是他们，不是我们。

2017年2月19日

全职主妇的尊严问题
最后还是归结到银行账户

在腾讯·大家读到一篇文章，里面讲道："一位女性，结婚之后，便辞职照顾丈夫和孩子。但是，后来，她每次与丈夫上床，都要求丈夫必须给她800元。为什么？因为她没有钱；而他们的孩子有听力障碍要做大手术，丈夫觉得没必要治病，她却想治好孩子的病；她不得不通过向丈夫出卖身体，来换取给两人共同的孩子的手术费。"

估计在海外生活的全职主妇们看不懂：为什么女人待在家里会有经济问题？为了给孩子看病跟自己丈夫睡一次要收800块钱？怎么会这么苦呵呵的呢？丈夫的钱难道不是自己的钱吗？夫妻不是用银行共同账户吗？

在中国对于后面两个的问题，答案还真的是"不"：国内家庭的普遍做法，丈夫的钱跟老婆不是存一个账户。女人在家，得向男人伸手拿生活用度，靠男人"养着"，无论你之前职位如何显赫，一柱擎天，等到向人要钱的时候，姿态都会很憋屈。张爱玲谈论她和母亲的关系："爱一个人到能向她／他伸手要钱的时候，这是一个莫大的考验。"（见她的散文集《流言》）

国外，据我所知的，美国和日本，是夫妻共同拥有银行账户。2014年夏天我先带孩子回美国，在银行开户，一个月后老公尾随而至，需要在银行的共同账户上再加他的名字。我这个账号主要"户主"必须到场，他才能加上名字（这是反洗钱的手段之一，账户绝对实名制）。每次他有大额转钱，银行会通知我。

有一次换了一个银行经理，对我们这家理财的事情不熟悉，当他面给我电话：某太太，某先生在大通银行分行，他要转一大笔钱走，你知道吗？哦！不要以为大额是几百万美金的"大"，在美国5000美元以上就是"大额"。后来为了避免麻烦，我记得去银行签了一个文件，允许老公在不通知我的情况下转"大额"资金。

你的就是我的，而且主要是我的，这是美国夫妻的基本财产之道。婚前财产协定也是有的，但那大多是好莱坞电影明星、地产大亨特朗普搞的事情，普通百姓比如我们，两个留学生去市政厅领证结婚，哪里想要搞婚前财产协议？即使想到也无从写起，因为20岁出头的人没有多少财产。

银行账户如此，不动产的归属问题更是如此。美剧《广告狂人》里花心的男主和他冷艳的美人老婆贝蒂离婚。贝蒂是多么跐啊，把前夫赶出去住旅馆，把自己当州议员的男朋友请到家里来住，活脱脱就是美国马蓉啊！可那所房子就是前夫掏钱买的，当给贝蒂的生活费支票没有按时寄出时，这位男友还理直气壮地打电话催钱呢！

美国公司的工资单上，除了代扣各种苛捐杂税以外，还有一项，就是法院判决离婚时丈夫必须支付的生活费，法院的通知直接送达公司，要求在工资单上直接扣除。这种生活费的强制执行，对于在公司打工的白领金领是个人财政毒药，只要是合法领工资，你就逃不掉抚养费。真想逃掉抚养费的重担，唯一办法是搬家，不停地换工作，换到法院找不到你（这样做的人不是没有）。还有一个是丢掉工作，不工作，没有收入，法院也好，催债公司也好，榨不出钱来。但这样为了躲抚养费搞得鸡飞狗跳，人仰马翻，也不是人过的日子了。

我们原来在密歇根州的邻居，丈夫是福特公司的高管，但家里穷到老婆必须上班，就是因为他有三个前妻压在他头上。这种制度保障下的全职中产太太生活，哪里会有经济问题？丈夫挣钱，你也有一份吧！

婚姻中对女性有底线的财产保护，适用于美国普通中产阶层。至于说百分之一甚至千分之一的财富阶层，他们挖空心思婚前财产协定如何写，富翁在避税天堂里搞的公司结构怎么弄，不在这一般性之列。

比如希腊船王娶了肯尼迪总统的遗孀杰奎琳，过了几年后心中生厌，他可以动用自己的势力让希腊修宪，修改遗产法让杰奎琳拿不到他生后的大部分遗产，杰奎琳后来雇用律师打了数年的官司才拿到几千万美金的遗产。

远的不说，我在北京时认识的一个国际友人的太太，就面临类似的现金问题。嫁富翁，住豪宅，出门购物刷公司信用卡，可以买遍天下奢侈品，但是兜里没有足够的现金。她所有的账单，富翁老公的秘书定时审计，做不得假。这位住东京的嫁入豪门人不识的女子为了增加每月的生活费现金，想出一个奇招：她主动去结识一些身材跟她差不多的闺蜜，比如说我，这样她定时买一些奢侈品时装，私下低价卖给这些闺蜜们，以货换现金。帮她定期带货到北京跑生意的，是她的大学同学。所以我这个曾经住北京的书呆子，衣橱里除了淘宝和光华路买的同款A货外，忽然多出一些东京人的时装、名牌包包，因为我认识这位帮她跑单帮的"大学同学"。

这种奇葩创收法，后来我在香港时也有耳闻。香港的八卦小报经常把明星家中的事情搞得清清楚楚，明星嫁了企业家老公，所住的豪宅属于老公公司，刷卡是公司卡，老公找了小三却不敢离婚，因为自己名下并无财产，这种豪门中为财产的明争暗斗，完全可以写进肥皂剧。

女人不必上班而生活有保障，可以专心家务育儿，据说这是经济发展的标志。反面例子是美国几次经济衰退以后，双收入家庭越来越多，因为老公说下岗就下岗，仅靠一个人的收入维持家庭风险太大。美国又没有西欧的高税收下的高福利，丢了工作以后失业补偿金聊胜于无。

另外，美国社会的普通家庭银行存款普遍呈现负值，全民和政府一样寅吃卯粮，所以一旦丢了工作，没有收入很快就揭不开锅，所以夫妻二人都工作是美国中产家庭的最佳收入搭配。

网络通信发达，在家工作甚至跨洲工作在技术上都成为可能，这种办公技术的突破，也使很多女人省略了路上通勤的时间，可以保持有灵活的工作时间，兼顾家庭。双收入家庭在美国再次成为潮流，不是因为选择，恰恰是因为没有经济选择，担不起失业的风险。

在那些经济条件允许，可以选择全职在家做太太的职业妇女中，有多少是出于自愿放弃自己的职业热衷于生儿育女？有多少是被传统道德绑架或者被老公说服，女人不应该出门工作，应该专心养家育儿，孩子的童年很短暂很宝贵转瞬即逝，你就牺牲这几年专心养育孩子吧？我觉得所有女人在做出选择和牺牲前都应该扪心自问，我们的人生应该怎么样度过？这个保尔·柯察金的老问题永远不过时。

在受过高等教育，有人生理想，有自己兴趣爱好甚至职业追求的女性中，有多少是怕背上自私的指责而随大流的？被谁看不起并不重要，邋遢、体态臃肿也可以改善，但是女人的一生不能虚度。我们不是第二性，我们的人生跟我们孕育的生命一样宝贵，我们是否真心诚意地认可居家做主妇这个选择？这是真正需要面对的问题，这是所有的纠结、牺牲、母子或母女紧张关系的一个症结。

在读腾讯·大家关于这个话题的文章时，我得承认我属于那个自私又不敢承认的一小撮女人，对家务没有兴趣，对孩子爬不爬藤也不上心，读《越战老兵回忆录》被女友说成男性思维，我不是另类，我就是我。在步入中年后，传统价值框架中对女人的规范，对我不起作用了，我不再认同它的价值观。

这个男权社会不会理解一个女人的牺牲，它用完了你把你像嚼干的渣子一样吐出来。母慈子孝不是人天生的品德，是需要德育教化来洗脑后才有的德行。

　　综合上面的原因，各位，去上班吧。如果给孩子治病的费用都得靠跟老公的性来换取，那还谈得上什么尊严，还不如上班领薪水呢。

2017年4月6日

《三体Ⅲ》没拿雨果奖，
但中国作者是政治正确的受益者

2017年8月11日，第七十五届雨果奖在芬兰赫尔辛基揭晓，中国作者刘慈欣《三体》第三部《死神永生》在票数上屈居第二，"最佳长篇小说"类票数第一的是N. K. 杰米欣的大作《方尖碑之门》。一时间国内读者大失所望，不少中国读者认为杰米欣是凭着肤色和性别获奖，占了政治正确的便宜。政治正确之风刮进科幻圈了。

这两年"政治正确"变成泔水缸，什么脏的臭的蠢的都可以扔给它，什么错都可以怪到它头上。中国科幻作者到底是政治正确的受害者，还是受益者？这个问题，可以从最近三年雨果奖的争议来看。

要说科幻圈也有政治正确，这并没有错。雨果奖，向来被科幻粉和极客们认作是科幻小说类的"诺贝尔奖"。这个奖自从1953年成立以来，一直被白人作者，尤其是白人男性作者独霸。不仅是雨果奖如此，科幻或者玄幻小说这个小众文学领域，也一直是白人男性作者垄断的文类，白男作者的书容易出版，稿费优越，如此等等，基本都是"重男轻女"。

对这种局面的逆转，还要归功于过去二十年来多元种族和女性平权运动思潮，雨果奖最近这几年开始接受非英语作者和女作者的作品。2015年《三体》的英文译本获得雨果奖的长篇小说最高奖是一个例子，2016年《北京折叠》的英译本获雨果奖的中短篇小说类奖又是一例。作者和性别的多元化不仅在出版数量和读者群上扩大了科幻文体，科幻故事的内容随着不同种族作者和女性作者的加入，发生了"地震"，原来是坐着飞船打打闹闹的星际航行的套路，现在玩的是种族和性别替换，贫富对立中的穿越……

大量女性和非欧洲白人作者的作品入围雨果奖，现在已经有包揽的倾向，看看今年的雨果奖获奖名单，各奖项几乎被女性"包圆儿"了。雨果奖的这种大变迁，让原来以欧美白人男性为主流的作者群很不爽，不爽到起来造反，要把雨果奖的阵地夺回来。这三年来年年操纵选票，试图把自己人推进图书入选名单的，就是这些白人男作家团体，他们自称"小汪"。

"小汪"者，puppies，汪星人的"汪"。"小汪"有两支队伍：一个是"衰汪"，Sad Puppies；另一派更激进，仇恨得更热烈，"疯狗汪"，Rabid Puppies。这些充满戾气，一心想变天，倒转历史进步车轮的白人男性科幻作者群之所以自名为"小汪"，不是想卖萌，"汪"梗最早来自于始作俑者给"多元文化自由派"贴的讽刺标签（在英美政治传统里，自由左派一直有"心在流血"／"心碎"这个绰号）。

这些过去一直独霸雨果奖的白男们，最看不惯的，就是现在科幻作品的变味了：从原来几十年前的空间探索、外星人入侵的无脑热闹，变成现在的多元政治植入、女权、同性权利翻身变天的平权意识，这怎么可以呢？最让白男作者不爽的，是翻译作品也可以进入评选，那些"亚洲，非洲，阿兹特克"来的作者都不会说英语，还能入围雨果奖最后还拿奖？这怎么得了！白男作者不要科幻小说跟进步事业挂钩，不要政治正确了，就要原来单纯的乐子不行吗？

"比如几十年前，你看到一本封面印着火箭的科幻小说，远景是美丽的地球若隐若现，可以肯定这是一本实打实的空间科幻小说。要是封面是一个舞着斧头大刀的野人，那小说一定是宽肩长腿的超级英雄大战雨林蛮荒，打！打！杀！杀！最后救了美丽的公主一起胜利私奔。现在不同了，要是封面是美丽的地球，那小说情节就是对女性的奴役，性别歧视；空间探索呢？是种族歧视和压迫少数民族的故事；全副武装的勇士坐着飞行器准备战斗？最后结局肯定是这哥们是同志，九死一生跟他的变性情人幸福重逢永远在一起了……"这是2015年"衰汪"首领特格森（Brad Torgersen）对Slate采访说的话，总之"政治正确"把科幻小说和雨果奖搞得不好玩了。

"疯狗汪"首领是一个叫沃克斯·戴(Vox Day)的独立出版人，公开反对女性平权，歧视有色人种，"亚洲人，非洲人，阿兹特克人"是他的三大仇家，他把政治正确主题的科幻小说作者统一叫作"社会正义义士们"，发誓要把这些"义士"和"精英"、"文学家"们踢出雨果奖。沃克斯·戴最看不顺眼的，是雨果奖今年和去年的得主，N.K.杰米欣，杰米欣多次获各种文学奖，他叫她"一个无知的半野蛮人"。

这两派造反"汪"在2015年大闹雨果奖。在宣布年度雨果奖前夕，几天之内忽然多了1.17万个新会员，这些新会员不仅申请会员资格还按时交年费，结果数票时发现新增加了六千多张新选票，比往年增加了65%！这之前，2015年汪派跟其他科幻作者的口水战是如此激烈，连《冰与火之歌》作者，玄幻作品的泰斗乔治·马丁也卷入骂战，出来公开批评刷票的这两派作者。

乔治·马丁对媒体力挺雨果奖的公正性和包容性，其入围作品并不是"汪派"指责的唯美唯文学的"常青藤"作品。但在2015年8月22号雨果奖正式揭晓前，马丁对科幻作者之间的内斗非常悲观，他在推特里说"雨果奖完了！"但是22号那天，剧情却有了完全大反转：那晚，没有一个"汪派"作者的作品拿到雨果奖；在"汪派"作品独霸的奖类，比如"最佳短篇小说"、"最佳中篇小说"、"最佳编辑"，读者都选择了"告缺"。这一年，也是伟大的《三体》第一部获奖，破了亚洲人写科幻作品却在雨果奖零获奖的纪录。

第二年，也就是2016年，科幻作者"汪派"们的闹还在继续。因为2015年的媒体恶评加上大闹之后一无所获，"衰汪"有所收敛，不再搞人海战术，强行把自己一派的作品塞进入围名单，他们只出了一个"推荐作品名单"；但"疯狗汪"变本加厉，他们推举的81部作品中有64部在强行刷票后入围短名单，这64本大作中有几本是沃克斯·戴自己写的小说，另外还有一篇长评论：《论社会义士们的谎言：思想警察可以休矣》（*SJWs Always Lie: Take Down the Thought Police*）。在这64本标榜"真正的草根"作品中，有几本同性色情滑稽小说，出自同一作者之手，却并不招其他同业作者的厌，娱乐性并不等于反智反精英，这是任何一个开明读者的共识，低俗是天赋人权之一。

　　白男作者之所以可以闹事，刷选票，是因为雨果奖特有的海选机制。其他的文学奖，比如曼恩图书奖、克拉克奖，都是由评委会成员投票决定。雨果奖是海选，只要你参加每年一度的"世界科幻大会"（WorldCon）并交了40美金会费，你就有资格参加雨果奖投票，你的作品也有资格参选。"世界科幻大会"可以用通信方式参加，不需要实时实地出席。雨果奖由世界科幻协会（WSFS）评选，首先由专门的年会事务会决定评选项目，然后公开通知会员提名。每个奖项中可以有五部作品候选，在候选名单决定后，把选票发给会员，最后根据收到的选票进行裁决。这就是雨果奖的海选过程。跟其他的一人一票的选举制类似，雨果奖的海选很容易被人钻空子，利用投票规则的漏洞，搞群众运动，刷屏刷票，左右雨果奖入围作品的选择。

　　所以，跟政治正确有仇，想借刷票扳回多元社会历史龙头的，就是楼上提到自称"汪"的那些白男作者。过去三年雨果奖一直是"争议奖"，但正是这三年，中国科幻作者的才华为世界所接受。虽然《死神永生》没有获奖，但不畏浮云遮望眼，风物长宜放眼量。

2017年8月15日

《花花公子》如何与女权主义为敌

情色王国的创业者，也是维护宪法第一修正案也就是言论出版自由权利的斗士；性解放的急先锋，也是酒池肉林、索多玛的罪人；愿意出高稿费的纯文学作家的救星，也是女性权利的提倡者，业绩包括在堕胎合法化前就十几年如一日地提倡保护女性堕胎权利，给被性侵受害者救护中心捐款，给民权运动捐钱……另一方面，又公开与女权主义者为敌，把她们称作"国家敌人"，"乖乖回去读你们的《淑女家政》杂志吧"！所有这些自相矛盾的事业，都可以归到休·海夫纳头上，他是《花花公子》杂志的创刊人，昨天去世。

他27岁时花500美金购买玛丽莲·梦露的裸照，在她没有同意的情况下，印刷在了他自创的《花花公子》杂志的首期上并发了笔小财，卖出了5万本，从此他找到发财的立足点，事业就建立在无数女人身体的曲线上，让她们脱了衣服，按照男人喜欢的姿势展示身体，让男人拍照、凝视。

《花花公子》"中页女郎"这个独特的裸模行业出现了，一共734幅，2016年结集出版。但《花花公子》绝不肯承认自己跟

《藏春阁》这种色情杂志是一类，伴着它的中页女郎的沟壑和高峰的，是严肃精彩的新闻采访、政论社评，花重筹请纯文学作者写出的短篇小说，说它是美国纯文学小说的绿洲都不过分，在怀念海夫纳的推特中，就有作者称他是"写作者的救星"。

高端情色，邦德式的性感，他通过《花花公子》杂志的流行，把女性的裸体包装成一种时尚的高级消费行为，这是他的卖点，也是杂志中那些纯文学小说和严肃时评的卖点。要做一个高端的绅士，运动你的下半身还不够，你得丰富你的大脑你的品位，这就是《花花公子》所推广并且成为主流的理想男性生活方式。即使说这是美国男人的自我幻想，但它还真的流行起来了，《花花公子》成为出版王国和美国文化的标志。

海夫纳为了推销《花花公子》生活方式，身体力行，1959年跟自己的发妻离异，离开她和两个孩子，开始过天上人间的生活。花花公子大厦是每个男人的终极仙境和文化地标，是他们性幻想的盘丝洞：离开自己的日常责任，日复一日的社会压抑，离开喋喋不休的黄脸婆和吵闹的孩子，活出自己。

后来其中一个兔女郎赫丽·麦迪逊(Holly Madison)出版了回忆录，披露其中"群莺会"是多么荒唐无趣，年事已高、永远穿着绲边丝绒睡袍被莺莺燕燕环绕的"老爷爷"海夫纳是多么不合时宜，但海夫纳并不介意，他要永远活在美国男人的梦想生活中，无论多高龄，这个人设不能垮。

作为一个标准文青，我关心的是《花花公子》杂志的小说部分，这里云集了当代作家里许多响亮的名字：诺曼·梅勒、玛格丽特·阿特伍德（阿奶奶的《使女故事》，横扫艾美奖，达到流量剧的顶点）、雷·布莱德利（反乌托邦名著《华氏451度》）、加西亚·马尔克斯，连英国的儿童文学大师达尔都在《花花公子》杂志上发表了他一生中唯——部成人小说。

《花花公子》走文学路线并不是独创，美国老牌的男性杂志比如《老爷》（Esquire）、《滚石》，甚至时尚杂志《名利场》，都是纯文学和严肃采访的重镇。《老爷》的短篇小说五十周年集刊，近乎美国短篇小说文学史的权威。

除了小说，《花花公子》能载入当代美国文化史册的还有它的人物采访，比如它发表的对小马丁·路德·金谈民权运动的采访，是美国纸媒中篇幅最长的；它也是最早采访黑人艺术家、歌手的主流文化杂志，甚至在采访盲歌手时还出版了盲文特刊。可见，《花花公子》吸引了多少不同类的读者。

今天在微信上读到一个作者的质疑，她问女权主义怎么看《花花公子》？为什么没有展示小鲜肉的《花花女子》让我们也一饱眼福？难道女性读者没有欲望吗？对，对于男性社会来说，女性没有欲望，不可言说的即等于不存在，所有的社会禁忌不都是如此吗？只要你不提，它就可以不存在了。美国女权主义者有一个笑话，说国会的女性健康委员会为什么成员都是男性议员？答曰：因为女人不懂她们的身体。

1953年，在海夫纳抵押了自己的房产从银行贷款600美金创办《花花公子》的时候，还没有女权运动一说。你如果看过《广告狂人》，看看美国郊区的太太们怎么说话，怎么休闲，就知道在那个时代无论女人被拍了多少裸照，她们自己的欲望是不存在的，她们的身体是被看的、被消费的，不是给自己带来乐趣的。海夫纳的平权运动和言论出版自由，是"他们"的自由！女人的同等权利，要再过二十年才会出现。

这种性别角色在社会观念上的差别，在西方是一个缓慢渐进的过程，我们不习惯。二十年前我这个愣头青对美国同学说"中国妇女能顶半边天"，她们露出的都是羡慕的眼神。至今同镇多少全职妈妈都曾是哈佛的法学博士，宾大的MBA毕业，连《向前一步》的作者，"脸书"的COO桑德斯，提到自己的母亲，都说"女权运动的成果不是让女权斗士的下一代做居家太太的"。

职场上的平权是一方面，女性对自己身体的自觉，《花花公子》确实是一个艳情的开始：性，在美国这样一个清教气氛严重的社会，终于公开了，可以谈论了，可以拿到桌面上展示了，至少是性剥削可以公开化了，绅士爱金发碧眼，绅士爱兔女郎。而女人们，为了博取男人的目光和追逐，可以公开节食、塑胸、整容……这种社会心理变迁的里程碑，跟今天国内公开消费男色，谈论小鲜肉的气氛，是多么诡异的对比。

我们到底进步了多少？《纽约时报》在给海夫纳写的讣告里，转述他2007年接受《老爷》杂志采访时的话，他给他认可的女权主义的定义是：妇女解放，不是说让女性从第二性中解放出来，是指让女性可以从性的禁忌解放出来（原话用了一个重口味动词），即便如此，《纽约时报》都承认海夫纳的解放至少是一个通向进步的开始，"他对了一半"，对女性的承认总比一个语义的黑洞有内容，女人不再是一个视而不见的社会透明人，她们剃了体毛，被放在灯光下陈列着，被单手翻书页的男性读者渴望着。色情权，正式成为言论自由运动的一部分。

那么，除了海夫纳喜欢的并大发其财的妇运"这一半"，"另一半"是什么？不仅是出版一本《花花女子》展示小鲜肉吧！

2017年9月29日